JN308876

# 魚づくし

## 魚介の日本料理

# はじめに

春は目張や桜鯛、夏は鮎や鱧などを、秋には鮭や脂ののった青魚、冬は寒鰤や河豚や鮟鱇と、旬や走りなどをたのしみ、素材のよさを重んじる日本料理に、魚は欠かすことのできない、大切な食材であり、ご馳走です。

定番の魚料理も、時流によって、つくり方がずいぶん変わってきました。それだけでなく、食べる側の好みも多様となり、西洋や中国の味や技法が、少しずつ取り入れられるようになってきました。

本書では、そんな必要に応えて、これまで受け継がれてきた魚介料理に加えて、新しい技術と工夫を盛り込んだ創作魚介料理を多数収録いたしました。今回ご登場いただいたのは、中嶋貞治氏（東京・新宿割烹中嶋）、上野修氏（大阪・浪速割烹㐂川）、奥田透氏（東京・銀座小十）。三人の方々の創意の結集です。湯気がたちのぼるような臨場感あふれる一皿や、即興的な創作料理は、まさに割烹店ならではの技。

酒肴からご飯まで、魚に始まり、魚に終わる、魚づくしの料理の数々をご堪能いただき、素材の生かし方を学び、新しい味をみつける一助となれば幸いです。

二〇〇七年一〇月

柴田書店書籍編集部

# 魚づくし 魚介の日本料理 目次

## 第1章 酒肴



## 第2章 和え物・サラダ・寄物・刺身

## 第3章　椀物



## 第4章　焼物

## 第6章　揚物



## 第7章　蒸物

## 第8章　ご飯・汁物



### ご飯



### 汁物



撮影―髙橋栄一
装丁レイアウト―阿部泰治（ペンシルハウス）
編集―佐藤順子
井上美希
カバー撮影協力―浪速割烹㐂川

# 料理をはじめる前に

＊本書では容量をml、リットルで表記した。ちなみに5mlは小さじ1、15mlは大さじ1、180mlは1合、200mlは1カップ、1・8リットルは1升と同量。また1mlは1ccと同量となる。単位記号がないものは、合わせる割合を示している。

＊材料表の基本配合については、それぞれの店における実際につくりやすい仕込みの分量となっている。必ずしも写真で紹介した料理1皿分に対応する数字ではない。

＊熱源、鍋の大きさ、温度、湿度など、つくる環境や素材の状態がそれぞれ違うので、実際の調理の際には、適宜調整が必要となる。

＊収録した料理は、実際に店の献立にのぼる料理のほかに、本書のテーマに合わせて創作していただいた料理が多数ある。

＊魚名や献立名は、各店の表記に従っている。

# 酒肴

●酒肴

# 鱧のおぼろ襲《がさ》ね

からすみ
大葉　山葵

●
ハモ、塩
おぼろ昆布
カラスミ
大葉
おろしワサビ

●
①ハモをさばく。上身に薄塩をあてる。
②水気が浮いてきたらフキンでふく。
③脱水シートを身側にぴったりとかぶせて30分間ほどおく。
④脱水シートをはずし、骨切りをする。刃先から刃元のほうまで大きく刃を使い、細かく切り目を入れる。
⑤包丁を刺身包丁にかえて、皮をひく。
⑥三等分にしたおぼろ昆布をバットに広げる。
⑦皮をひいたハモを並べる。上におぼろ昆布を広げ、もう一段ハモを並べる。
⑧一番上におぼろ昆布を広げてなじませる。両者がしっとりなじんだらすぐに使える。ハモの身2に対しておぼろ昆布1が合わせる割合の目安。
⑨適量を切り出し、大葉を敷いた器に盛りつける。細切りにしたカラスミを散らし、おろしワサビを添える。

はも

ハモは、おぼろ昆布ではさんで水分をほどよく抜くと、ねっとりと旨みのある身質にかわる。この食感と昆布の旨みが決め手。骨切りがしっかりできていないと、口に骨があたるので、きちんと骨切りをすることが肝要。［上野］

おぼろ襲ね

●酒肴

# あん肝角煮

木の芽

あんこう

ポン酢でさっぱりと食べることが多いアン肝だが、こってりと煮つけると酒肴にぴったりの一品となる。アン肝の下処理では、血や筋をしっかりと掃除すること。残っていると、生ぐささの原因となる。［奥田］

## あん肝角煮

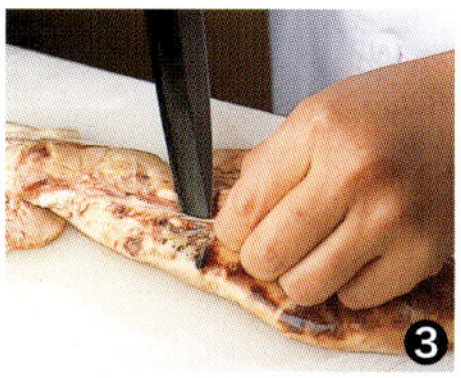


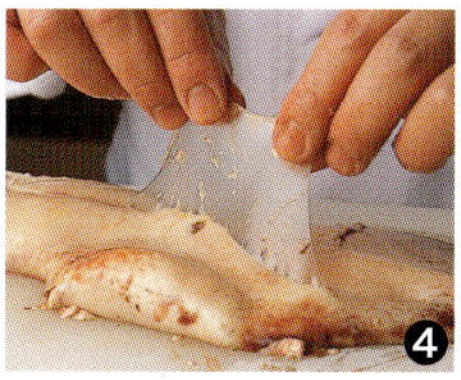

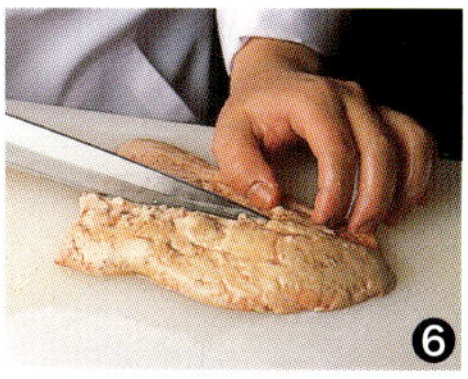


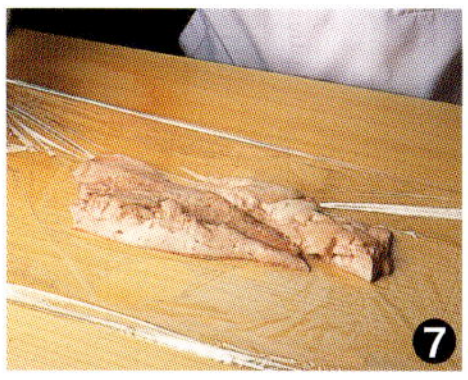

アン肝、塩、酒
地（だし3、濃口醤油1、ミリン1、砂糖適量、たまり醤油少量）
木ノ芽

●

①アン肝に強塩をする。抜き板に肝をのせて傾斜をつけて、くさみや血が下に流れるようにする。このまま3時間おく。

②アン肝を流水で洗う。水が澄むまでていねいにすすぐ。

③中央を通る太い血管をはずす。血の塊も包丁の切っ先を使って取り除く。

④アン肝の薄皮をはがす。

⑤ボウルに酒を入れ、アン肝をやさしく洗う。

⑥水気をふいて、4～5㎝幅にさく取りする。

⑦ラップフィルムを広げ、さく取りしたアン肝を数本重ねる。太いところと細いところが互い違いになるように置くと、きれいな円柱形に仕上がる。

⑧ラップフィルムできっちりと巻き、両端をねじって密封する。

⑨さらにアルミホイルで包み、蒸すときに火が通りやすいよう金串で数カ所穴を開ける。

⑩蒸し器を中弱火にかけて20分間ほど蒸す。蒸し上がったら、粗熱がとれるまで常温で冷ます。冷めたら、ラップフィルムとアルミホイルを巻きつけたまま、2～3㎝厚さに切る。切ってから、ラップフィルムとアルミホイルをはずす。

⑪鍋に地の材料を入れて沸かす。沸いたら、厚切りにしたアン肝を入れて、落し蓋をする。弱火で30分間以上煮含める。

⑫器に盛り、木ノ芽をあしらう。肝が大きければ、半分に切る。

●酒肴

# 渡り蟹酒盗三種

身　内子　味噌

かに

ワタリガニの身と内子と味噌でつくった三種の酒盗。3日間くらいはおいしく食べられるが、なるべく早いほうがよい。［上野］

ワタリガニの身、内子、味噌
煮切り酒
加減醤油（煮切り酒2、淡口醤油1、煮切りミリン少量）
昆布

●

①ワタリガニは活けを用意する。扱いやすいように脚をまとめて、写真のように輪ゴムをかけておく。
②裏返して、三角形のフンドシをはずす。
③甲羅をはずして、輪ゴムを切る。
④ガニと呼ばれるエラの部分を取り除く。
⑤開いたワタリガニ。
⑥甲羅から黄色の内子をヘラでかき取る。左右のとがったあたり（薄膜の内側）にも内子が入っているので残らず取り出す。
⑦身は、脚につながってついているので、脚ごとにはずす。
⑧脚を持って、身を包丁でかき取る。
⑨味噌も同様に取り出す。取り出した身、味噌、内子。
⑩それぞれ別に煮切り酒で洗う。ザルに上げて酒をきる。
⑪差し昆布をした加減醤油に身、内子、味噌を別々につけて半日おいて供する。

ワタリガニの酒盗

●酒肴

# 茶ぶりなまこと伊予柑のおろし和え

たらの芽　三つ葉　百合根

なまこ

ナマコが、こりこりとかたくなってしまうのは高温の茶で茶ぶりをするから。低温でゆっくりと火を入れると一旦硬直するが、その後少しずつやわらかくなる。弾力を残しつつ、やわらかくなった頃合で茶ぶりをやめるとよい。［奥田］

●

アカナマコ、ほうじ茶抽出液
ユリ根
タラノ芽、三ツ葉、つけ地（だし、塩、淡口醤油）
イヨカン、ダイコンおろし、濃口醤油、おろしワサビ

●

①アカナマコの両端を切り落とし、縦に包丁を入れて開く。内側の粘膜と身の間に箸を入れ、粘膜をはがす。
②アカナマコを茶ぶりする。まず、ほうじ茶抽出液をボウルに入れ、50℃まで冷ます。
③別のボウルに掃除したアカナマコを入れ、冷ましたほうじ茶をかける。
④ボウルの中のほうじ茶を何度も玉杓子ですくって、アカナマコにかける。ほうじ茶の温度が下がったら、再度50℃のほうじ茶を足す。アカナマコは、はじめかたくなるが、茶をかけ続けると次第にやわらかくなる。
⑤アカナマコを手でつかんでみて、弾力はあるもののぷるぷるとやわらかい、という状態になったら、茶ぶりをやめる。一口大に切る。
⑥タラノ芽、三ツ葉は、それぞれ塩ゆでしたのち、別々につけ地につける。ユリ根は、鱗片にばらし、塩ゆでしておく。
⑦ボウルに、茶ぶりしたアカナマコ、タラノ芽と三ツ葉のお浸し、ユリ根、ダイコンおろし、薄皮をむいたイヨカンの果肉、イヨカンの果汁、濃口醤油、おろしワサビを入れてざっくり混ぜる。
⑧器にイヨカンの輪切りを敷き、上に⑦を盛る。

ナマコの茶ぶり

1

2

3

4

5

●酒肴

# 尼鯛、鮑の酒蒸
# 栗べっ甲餡掛け

山葵

あまだい
あわび

アマダイ、アワビの包丁くず（端のほう）を利用した酒肴。少量の箸休め程度、しのぎがわりに使う一品。生ユバやソラマメ、シイタケなど数種の素材を組み合わせてもよい。［中嶋］

アマダイ、塩
アワビ、酒
栗べっ甲餡（アワ、だし100ml、濃口醤油15ml、ミリン15ml、葛粉適量）
おろしワサビ

●

①アマダイは塩をふって2時間おいたのち、熱湯をかけて霜降りをする。
②アワビは殻からはずして掃除し、殻に戻して酒をふって、蒸し器で1～2時間ほど蒸す。アワビの大きさによって蒸し時間は加減する。
③アワは半日ほど水にひたして吸水させ、モチ米の要領で蒸し器で蒸す。
④栗べっ甲餡をつくる。だしを熱し、霜降りをしたアマダイを入れて火を通し、取り出しておく。濃口醤油、ミリンを加えて一煮立ちさせて、水で溶いた葛粉を加えてとろみをつける。蒸したアワ適量を混ぜて栗べっこう餡とする。
⑤アワビとアマダイを器に盛り、栗べっ甲餡をかけ、天におろしワサビを盛る。

●酒肴

# 白甘鯛煎餅

鱗　えら　身

あまだい

白アマダイのウロコをからりと揚げた手軽な一品。アマダイのほかにも、ハモの腹骨のすき身や、マナガツオやキスの中骨、マダイのウロコなども、葛を打って揚げると旨い。［上野］

白アマダイのウロコ、エラ、腹の身
葛粉
揚げ油
塩

●

①白アマダイのウロコ（すき引きしたもの）、エラ、薄い腹の身などの水気をふく。
②粉末状にすった葛粉を、ハケでそれぞれにまぶす。
③低温の油にウロコ、エラ、身を入れる。油中の気泡が小さくなって、水分が抜けてきたら、油ぎれがよくなるように、最後に油の温度を上げてからりと揚げる。
④取り出して油をきり、塩をふる。

●酒肴

# 鮑タルタル酢ゼリー

万能ネギ　花穂紫蘇

あわび

生のアワビ、蒸したアワビと肝を、同じ大きさに細かく切って合わせる。

提供時は、スプーンを添えて。

小さく、同じ大きさに切ることで、食感や風味の違いを、一口で同時にたのしめる。［奥田］

●
アワビ、酒、塩、スダチ果汁少量
酢ゼリー（だし1リットル、純米酢185㎖、濃口醤油65㎖、砂糖25g、板ゼラチン6枚、スダチ果汁1個分）
万能ネギ
花穂紫蘇

①蒸しアワビをつくる。アワビに塩をし、タワシでこすって汚れを落とす。酒をふり、殻ごと蒸し器に入れて弱火で8時間蒸す。粗熱がとれたら冷蔵庫で冷やしておく。
②生で使うアワビは、塩で磨き、身を殻から取り出す。身から肝をはずしておく。
③酢ゼリーをつくる。だし、純米酢、濃口醤油、砂糖、スダチ果汁を合わせ、火にかける。一煮立ちしたら火をとめ、水でふやかした板ゼラチンを煮溶かす。バットなどに流し入れ、冷やし固める。
④蒸しアワビの身と肝、生アワビの身を、それぞれ5㎜角のあられ切りにする。すべてを合わせて、スダチを少量搾る。
⑤冷蔵庫で冷やした皿にセルクルをのせる。アワビ、みじん切りの万能ネギを順番に詰め、表面をならす。静かにセルクルをはずし、ほぐした花穂紫蘇を散らす。まわりに、スプーンでくずした酢ゼリーをあしらう。

●酒肴

# 炙り烏賊の苺酢

いか

イチゴのもつフレッシュな酸味を生かしてたれとした。近頃のイチゴは甘いものが多いので、酢を足すとよい。酸味の強いものであれば、イチゴだけでもよい。イカは、ごく軽くあぶり、半生の状態で出すため、刺身でも食べられるものを使う。［奥田］

アオリイカ
苺酢（イチゴのコンフィチュール＊3、吟醸酢＊1）
＊イチゴのコンフィチュール：イチゴ3パック、グラニュー糖100g。イチゴはヘタを取り除き、早く煮えるよう半分に切る。鍋に入れて、グラニュー糖をまぶす。弱火にかけ、こまめにアクをすくいながらじっくりと煮詰める。水分が飛び、とろりとしてきたら火からおろし、裏漉し器で漉す。
＊吟醸酢：吟醸酒をつくるときに出てくる酒粕を熟成発酵させてつくった米酢。

●

①アオリイカをさばき、ていねいに薄皮をむく。
②アオリイカに蛇腹包丁を入れる。アオリイカの繊維に対して斜め45度の方向に、身の厚さの¾まで細かく刃を入れる。裏返して、同様に包丁を入れる。
③バーナーでアオリイカの表面をあぶり、すぐに氷水にとる。水気をふいて食べやすい大きさに切る。
④イチゴのコンフィチュールを吟醸酢でのばして、苺酢とする。
⑤器にアオリイカを盛り、苺酢をかける。

●酒肴

# 甘海老酒盗石焼

えび

焼いた石を客前に運び、
酒盗の汁につけた甘エビをさっと焼いてもらう。
酒盗の風味が、甘エビの甘みを引き立てる。
火を通しすぎるとぱさつくので、両面を2～3秒ずつ焼くだけで充分。［奥田］

甘エビ
酒盗（市販）

●

①甘エビは頭と殻を取り除き、酒盗の汁に5分間つける。

②直火で焼いた石と、酒盗につけた甘エビを客前に運ぶ。甘エビを石にのせてさっと焼いて食べてもらう。

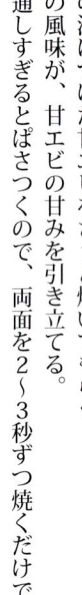

●酒肴

# 白海老の烏賊肝和え

柚子

えび

刺身で食べられる新鮮な白エビをスルメイカの肝で和えた。生の白エビのやわらかくねっとりとした食感が、歯ごたえのあるイカの塩辛とは一味違った面白味を生んでいる。［奥田］

白エビ（刺身用のむき身）
スルメイカの肝、塩
ユズ

●

①スルメイカをさばき、膜を破らないように気をつけて肝を取り出す。

②スルメイカの肝に強塩をして3～4時間おく。裏漉し器で裏漉しする。

③器に刺身用の白エビのむき身を盛り、裏漉ししたスルメイカの肝をかける。ユズをすりおろして添える。

酒肴

## 牡丹海老の黄身和え

キャビア

えび

酒肴

## 鰹血合　梅鰹和え

浅葱

かつお

酒肴

## なまりと胡瓜の山椒味噌

叩き木の芽

かつお

酒肴

## 渡り蟹　蟹味噌　とんぶり和え

菊花

かに

●酒肴

## 牡丹海老の黄身和え

ねっとりとした生のボタンエビと
卵黄を和え、
キャビアをのせただけのシンプルな肴。
卵黄は、ボタンエビにからみつくよう
温泉卵にしたものを使う。
塩気はキャビアのみで、味つけはしない。
［奥田］

ボタンエビ
卵
キャビア

●

①卵を62℃の湯で45分間ゆでて温泉卵をつくる。黄身だけを取り出し、スプーンの背を使ってなめらかになるまでつぶす。

②刺身用のボタンエビの頭と殻を取り除き、温泉卵の黄身で和える。器に盛り、キャビアをのせる。

●酒肴

## 鰹血合　梅鰹和え

血合の旨みは、酒によく合う。
ただし、鮮度が落ちやすいので、
新鮮なカツオを使うこと。
梅干しで和えることで、
さわやかな味わいが加わる。
血合はさっぱりとしているので、
脂ののった腹身との相性もよい。［奥田］

カツオのハラス、血合
梅干し、かつお節、濃口醤油少量
アサツキ

●

①カツオのハラスに、身に対して斜めに包丁を入れる。表面をさっとバーナーであぶり、氷水にとる。たたきにすることで、余分な脂が落ち、香ばしさが加わる。中まで火を通さず、半生に仕上げること。

②血合を細く切り、包丁で叩く。

③ハラス、血合、ほぐした梅干し、かつお節、２㎝長さに切りそろえたアサツキを入れ、ざっくりと和える。

④濃口醤油少量を加えて、味を調える。器に盛り、天にみじん切りにしたアサツキをあしらう。

●酒肴

## なまりと胡瓜の山椒味噌

カツオの刺身などを引いて残った形の悪いさくは結構出るもの。
これを利用してつくった即席なまり節とキュウリを山椒味噌で和えた酒肴。［中嶋］

カツオ、塩、酒、柑橘類の果汁
キュウリ、塩
山椒味噌（桜味噌400g、八丁味噌100g、砂糖500g、粉ザンショウ20g、ミリン50ml、濃口醤油15ml、ゴマ油30ml、サラダ油30ml）
木ノ芽

●

①カツオに薄塩をあてて、酒をふって、強火で蒸し上げる。
②蒸し上がったら取り出し、2時間ほど風通しのよいところで乾かして、即席なまり節をつくる。
③キュウリを小口から薄切りにし、立塩につける。しんなりしたら水気を搾る。
④山椒味噌をつくる。材料をすべて鍋に入れて火にかけ、こがさないように弱火で15～20分間ほど練る。
⑤和える直前に柑橘類の果汁を少量加えたなまり節、キュウリ、刃叩きした木ノ芽を山椒味噌で和える。なまり節と山椒味噌の割合は10対3程度が目安。

●酒肴

## 渡り蟹　蟹味噌　とんぶり和え

カニの身を、カニ味噌で和えたとも和え。
トンブリを加えると食感に変化がつき、季節感が出る。
ケガニとそのカニ味噌でつくってもおいしい。［奥田］

ワタリガニ
トンブリ
濃口醤油、スダチ果汁
キク花

●

①ワタリガニを中火にかけた蒸し器で25分間蒸す。冷めたら、殻から身をはずし、カニ味噌を取り出しておく。
②ワタリガニの身をカニ味噌で和える。カニ味噌の量は、カニの身よりもやや少ないくらい。
③トンブリを加え混ぜる。濃口醤油で味を調え、スダチを搾り入れる。
④器に盛り、キク花をあしらう。

酒肴

## 香箱蟹の銀餡かけ

三つ葉

かに

酒肴

## 鯖㐂ずし

生姜　万能葱　花穂紫蘇　菊花

さば

酒肴

## 蛸薄造り　煎り酒ゼリー

ミニオクラ　胡瓜　長芋

たこ

酒肴

## 蛸湯引き　梅肉醤油

蓮芋

茗荷　大葉　紅蓼　独活　胡瓜　人参

たこ

●酒肴

# 香箱蟹の銀餡かけ

雌のズワイガニは雄にくらべて体が小さく、コウバコガニ、セイコガニなどと呼ばれている。内子のおいしさを好む人が多いが、食べにくいので、身をはずして食べやすいよう調理した。［中嶋］

ズワイガニ（雌）、米酢
銀餡（だし、塩・淡口醤油・酒・葛粉各適量）
三ツ葉

●

①米酢少量を入れた熱湯でズワイガニをゆでる。取り出してさばく。
②胴から内子と身を取り出してほぐす。脚の肉も同様に取り出してほぐす。
③胴の殻に身肉を戻す。
④銀餡をつくる。だしを熱し、塩、淡口醤油、酒で吸い地よりも薄めの味に調える。葛粉を水で溶いて加え、薄い餡をつくる。刻んだ三ツ葉を入れる。
⑤器にカニを盛り、銀餡をかける。

●酒肴

# 鯖㐂ずし

酢〆したあとで、柑橘系の果汁にひたすことが、中嶋の㐂ずしの特徴。後味がさわやかで好評。［中嶋］

サバ、塩
だし3、二杯酢（米酢200ml、淡口醤油20ml、昆布10cm角1枚）2、日高昆布、スダチ
キク花
おろしショウガ、万能ネギ
花穂紫蘇

●

①サバは三枚におろし、上身にする。薄塩をあて、冷蔵庫にて5時間ほどおく。
②サバの塩を酢洗いする。バットにだし3に対して、二杯酢2、日高昆布を入れて、サバをひたし、50分間おく。二杯酢は材料をすべて合わせて火にかけてなじませ、昆布を2日間入れたままにしたのち、取り出してつくったもの。
③スダチを搾ってさらに10分間おく。
④サバを取り出して骨を抜き、適宜に切って盛りつける。
⑤ゆがいたキク花、おろしショウガ、小口切りの万能ネギ、花穂紫蘇を添える。

●酒肴

## 蛸薄造り　煎り酒ゼリー

タコのように旨みの強い素材は、
さっぱりとした煎り酒ですすめるのも面白い。
ジュレ仕立てにすればさらに涼やか。
煎り酒は、調味料や梅干し次第で
まったく違う味になるので、
以下の分量は目安程度に。
ただ、梅干しは甘みを添加したものや
減塩ではなく、
昔ながらの酸味と塩のきいたものがよい。
［奥田］

マダコ
煎り酒ゼリー（煎り酒＊200ml、板ゼラチン3g）
ミニオクラ
キュウリ、ナガイモ
＊煎り酒：酒1・8リットル、梅干し10個、昆布10cm角1枚、かつお節一つかみ、淡口醤油・ミリン各適量

●

①マダコに片栗粉をまぶしつけてまんべんなくもみ、表面のヌメリや吸盤の中の汚れをていねいに取り除き、水洗いする。頭の中の内臓を取り出し、目玉、クチバシを取り除く。脚を切り取り、先を2〜3cmほど切り落とす。

②皮つきのまま、脚のつけ根の太い部分を右に向けておき、脚の先から細長くへいで、薄造りにする。さっと湯引きする。

③煎り酒ゼリーをつくる。酒、梅干し、昆布を鍋に入れて火にかける。アルコール分が飛んだら、かつお節を加えて、旨みが溶け出すまで弱火でことことと煮る。淡口醤油とミリンで味を調え、布で漉す。水で戻した板ゼラチンを溶かす。粗熱をとり、冷蔵庫で冷やし固める。

④皿に薄造りにしたマダコを盛り、ゆがいたミニオクラ、くり抜き器で抜いたキュウリとナガイモをあしらう。煎り酒ゼリーをかける。

●酒肴

## 蛸湯引き　梅肉醤油

生の食感がおいしさの要。
湯引きは、さっと。
くれぐれも火を入れすぎない。
細かく蛇腹に包丁を入れて、
タコの固い繊維を
断ち切ることで食べやすく、
かつタコの旨みをダイレクトに
味わえるようになる。［奥田］

マダコ
梅肉醤油（梅肉、煮切り酒適量、濃口醤油・上白糖各少量）
ハスイモ、酢、吸い地（だし、塩、淡口醤油）
薬味野菜（ミョウガ、大葉、紅タデ、ウド、キュウリ、ニンジン）

●

①マダコをさばく（→右記蛸薄造り）。脚の吸盤に沿って、皮に切り目を入れる。皮と身の間に包丁をすべらせ、身から皮をはがす。吸盤の反対側の脇までむいたら、吸盤を残して皮を切り落とす。

②吸盤の上から細かく斜めに切り目を入れる。角度は斜め45度、深さは身の¾ほどまで。天地を返し、同様に細かく斜めに切り目を入れ（蛇腹）、一口大に切り落とす。

③沸騰した湯にマダコをさっとつけて、すぐに冷水にとる。生の食感を残すため、湯につける時間はごく短く。

④梅肉醤油をつくる。梅肉を裏漉しし、煮切った酒でのばす。濃口醤油、上白糖各少量で味を調える。

⑤紅タデ以外の薬味野菜は極細いせん切りにし、紅タデと合わせてはりを出すために冷水にさらす。水気をふいておく。

⑥器に酢水でゆがいて吸い地にひたしたハスイモを盛り、マダコの湯引きを盛る。梅肉醤油を添え、薬味野菜をあしらう。

酒肴

## 鱈白子雲丹焼

たら

酒肴

## 鱧　海胆

露酸橘　塩
山葵

はも
うに

酒肴

## 平目昆布〆唐墨和え

甘草浸し

ひらめ

酒肴

## 鮃昆布〆の雲丹浸し子持昆布巻

胡葱　山葵

ひらめ
子持昆布

●酒肴

# 鱈白子雲丹焼

ねっとりとした素材同士を組み合わせた。
ウニの旨みと磯の香りが、
ともすると単調に感じがちな
白子の味を際立たせる。［奥田］

タラの白子　4個
ウニ衣（ウニ¼箱、卵黄1個分、濃口醤油少量）

●

①鍋に湯を沸かし、白子を霜降りしてくさみを取る。10秒間ほどたって、膜がぴんとはった状態になったら、氷水にとる。
②ウニ衣をつくる。ウニをすり鉢でする。なめらかになったら、卵黄と濃口醤油少量を加える。
③下ゆでした白子を食べやすい大きさに切り、串打ちする。
④炭火で白焼にし、表面に火が通ったら、ウニ衣をハケで塗り、乾かすように炭火であぶる。これを3〜4回くり返す。ウニ衣が乾いたら器に盛る。

●酒肴

# 鱧　海胆

ハモとウニ、味は塩のみというシンプルな
料理だけに素材の味が決め手になる。
北海道のウニでは味が濃厚すぎるため、
ハモの味が負けてしまう。
香りがよいすっきりした
淡路産の夏ウニでないと、
この味のハーモニーを出すのはむずかしい。
［上野］

ハモ、塩、昆布
ウニ
スダチ果汁、黒潮塩（海の精）
おろしワサビ

●

①ハモをさばく。30分間ほど薄塩をあてたのち、身側に昆布をあててさらに30分間おき、昆布締めする。
②骨切りをして串を打ち、炭火で皮目のみをあぶる。
③串をはずして一口大に切り落とし、スダチを搾ってかけ、黒潮塩を少量ふる。
④淡路産のウニをハモの上にのせて盛りつける。おろしワサビを添える。

●酒肴

## 平目昆布〆唐墨和え

昆布締めにしたヒラメを糸造りにし、
粉末にしたカラスミと和える。
カラスミはすりおろすと
ぱらぱらになり、
ヒラメとのからみもよい。［奥田］

ヒラメ、塩、昆布、酒
カラスミ
カンゾウ、つけ地（だし、塩、淡口醤油）

●

①ヒラメの昆布締めをつくる。ヒラメを五枚おろしにする。塩をふって1時間ほどおくと、表面に水分がにじみ出てくる。これを酒で洗った昆布ではさみ、ラップフィルムでぴっちりと包む。冷蔵庫で4～5時間ほどしめる。

②カラスミをすりおろす。

③カンゾウは下ゆでしてから、つけ地にひたす。

④昆布締めにしたヒラメを糸造りにし、すりおろしたカラスミをまぶしつける。器に盛り、カンゾウのお浸しを添える。

●酒肴

## 鮃昆布〆の雲丹浸し子持ち昆布巻

昆布締めしたヒラメで
ほどよく塩抜きをした子持昆布を巻いた
一口サイズの酒肴。
ヒラメの塩加減と子持昆布の
塩抜き加減がポイント。［上野］

ヒラメ
子持昆布
練りウニ
浸し地（だし6、淡口醤油1、ミリン1、酒1）
芽ネギ
おろしワサビ

●

①ヒラメは五枚におろして上身にし、薄塩をあてる。昆布ではさんで2時間ほどおく。

②子持昆布は水につけて塩抜きしたのち、水っぽさを抜くため酒で洗う。

③練りウニを浸し地で適当なかたさにのばし、子持昆布を半日つける。

④昆布締めしたヒラメをそぎ造りにし、さっと水気をふいて棒状に切った子持昆布と芽ネギを巻く。

⑤おろしワサビを添えて供する。

ヒラメの造り身の幅に合わせて、子持昆布と芽ネギを切りそろえる。

酒肴

# 高山真菜の白子がけ

ふぐ

酒肴

# づけ鮪、針野菜と塩昆布

まぐろ

酒肴

# 酒肴三種盛

唐墨
するめ烏賊塩辛
片口鰯の香梅煮
ミニ大根　雪花菜

いろいろ

●酒肴

## 高山真菜の白子がけ

高山真菜は大阪・豊能郡高山産の
アブラナ科の菜種菜。
白子との一体感を出すために、
白子を炊いた地をつけ地とした。［上野］

高山真菜、塩
フグの白子、だし、淡口醤油、砂糖、塩
松ノ実

●

①高山真菜は塩を入れた熱湯でゆがいて、おか上げして急冷する。

②フグの白子はひたるくらいのだしを入れて、淡口醤油、砂糖、塩で薄味をつけて炊く。味が入ったら白子を取り出し、裏漉ししておく。だしはとりおく。

③白子を炊いただしに、ゆがいた真菜をつけて味を含ませる。

④真菜を適当に切りそろえて盛りつけ、裏漉ししたフグの白子をかけて、煎った松ノ実を飾る。

●酒肴

## づけ鮪、針野菜と塩昆布

さっぱりとしたマグロの赤身は、
旨み成分の強いものと食べると
よりおいしさを感じる。
乾燥により旨みが凝縮された塩昆布、
フリーズドライの醤油がマグロを
引き立てるシンプルな一品。［奥田］

マグロ赤身、づけだれ（濃口醤油2、煮切り酒1）
薬味野菜（ミョウガ、ニンジン、キュウリ、大葉、ウド、紅タデ）
塩昆布、フリーズドライの醤油（市販品）

●

①マグロの赤身を3㎝幅のさくに取る。厚めのそぎ切りにし、煮切り酒と濃口醤油を合わせたづけだれに20分間つける。

②紅タデ以外の薬味野菜を極細いせん切りにし、紅タデと合わせて水にさらしておく。はりが出たら、水気をふいておく。

③器にマグロのづけと薬味野菜を交互に盛る。天に塩昆布をあしらい、フリーズドライの醤油をかける。

# 酒肴三種盛

中嶋の常備酒肴の盛合せ。1年を通して常備している。このほかにチリメンジャコと沢庵を合わせた、ぜいたく沢庵やサゴシやサバ、タイなどの㐂ずしなども用意し、コース料理の食事の前に強肴的に使っている。［中嶋］

唐墨（ボラの卵巣1腹500g、粗塩・酒各適量、つけ地＊）、姫ダイコン
するめ烏賊塩辛（スルメイカ、塩、赤唐辛子）、ユズ七味
片口鰯の香梅煮（カタクチイワシ、米酢適量、濃口醤油2、ミリン2、酒4、水3、梅干し適量）
雪花菜（新ゴボウ、ニンジン、コンニャク、シイタケ、タイ、天かす、オカラ、酒、ミリン、塩、淡口醤油、小ネギ、チリメンジャコ）
＊つけ地：焼酎250ml、ミリン50～75ml（焼酎の2～3割）

●

## 唐墨

①ボラの卵巣は氷水の中で、薄膜を破らないように、小さなスプーンで、そっと血管から血をしごき出す。

②ボラの卵巣が埋まるくらいたっぷりの粗塩をまぶし、2枚重ねのセットになったバット（上が水切り、下が受皿）に重ならないように並べ、ラップフィルムをかけて冷蔵庫で4～5日間おいて塩をなじませる。この間、塩がまんべんなくまわるように、1日2回（朝晩）軽くもむ。膜を破らないよう注意。

③卵巣が締まって形が整ってきたら、酒で塩を洗って、ふき取る。

④深めの容器に血管のある側を下に向けて平らにおく。ボラの卵巣が完全に隠れるくらいのつけ地を注ぎ、冷蔵庫で3日間おく。

⑤つけ地をきり、ラップフィルムを敷いた抜き板において上からラップフィルムをかぶせて、もう1枚板をのせる。5kg程度の重しをした状態で冷蔵庫に入れて、3～4日間かけて汁気を抜く。

⑥さらに脱水シートをはさんだ上にバットなどをのせ、軽く重しをして冷蔵庫に入れる。毎日シートを新しくかえて6～7日間かけて水分を抜く。仕上がったら冷蔵庫にて長期保存可能。提供時は薄く切って、さっとゆがいた姫ダイコンとともに盛りつける。

## するめ烏賊塩辛

①スルメイカのワタと上身を使う。ワタを切り開いて薄皮を取り除く。直接べた塩をして2～3時間おく。

②上身は皮を2枚むいて、細造りにして、薄塩をあてて2～3時間おく。

③ワタの塩を落としてからすり鉢ですり混ぜ、上身を混ぜる。種を取り除いて軽くあぶった赤唐辛子を加え、軽く混ぜて半日ねかせる。提供時にユズ七味をふる。

## 片口鰯の香梅煮

①カタクチイワシの頭と尾を除き、腹ワタを水洗いし、筒状にする。立塩に1時間つけたのち、流水で血や汚れを洗う。

②大鍋に竹の皮を敷き詰め、放射状にカタクチイワシを並べる。米酢をひたひたに注ぎ、小1時間ほど炊く。

③酢を捨てて、上記の割合で濃口醤油、ミリン、酒、水、梅干しの果肉を合わせ、ひたひたよりも多めに注ぎ入れ、地がなくなるまで弱火でゆっくりと炊き上げる。

## 雪花菜

①新ゴボウ、ニンジン、コンニャク（ゆでこぼしておく）、シイタケを細く刻み、だしで炊く。せせってほぐしたタイの身、天かす、煎って裏漉ししたオカラと先の野菜を合わせて鍋に入れて火にかける。

②適量の酒、ミリン、塩、淡口醤油でほんのり甘い薄味に調える。水分がなくなるまで混ぜながら炊く。

③提供時に小ネギ、チリメンジャコを混ぜる。

酒肴

# 鮮魚スモーク三種

秋鰆　戻り鰹　秋刀魚
生野菜

いろいろ

秋の脂がのった魚を燻製にした。燻煙するときに、桜のスモークチップに砂糖を混ぜると、仕上がりに艶が出る。［上野］

サワラ
カツオ
サンマ
塩
桜のスモークチップ4、砂糖1
プリーツレタス、クレソン

①サワラ、サンマは三枚におろす。カツオは節おろしにし、それぞれ適当な大きさにさく取りをする。
②それぞれ皮つきのまま塩をし（塩焼程度の塩加減）、串を打って、皮目のみを炭火であぶり、焼霜にする。ただし冷水にはとらない。
③桜のチップと砂糖を4対1で混ぜて天板に広げ、火にかける。煙が出てきたら焼台にのせる。この焼台に串を打ったサワラ、カツオ、サンマをのせてステンレスの蓋をして5分間ほど燻煙する。
④器にプリーツレタス、クレソンを添え、サワラ、カツオ、サンマを適宜、食べやすい大きさに切って盛りつける。

# 和え物　サラダ　寄物　刺身

●和え物

# 赤貝香草和へ

蛍烏賊　烏賊
筍　独活　菜の花　葉山葵
花穂紫蘇

アカガイ
ホタルイカ（ボイル）
イカ
タケノコ、だし
ウド、菜ノ花、八方だし（だし8、ミリン1、淡口醤油1）
ワサビの葉、上白糖
ワカメ
和え衣（バジルの葉30g、オリーブ油5ml、ワサビ醤油15ml、白玉味噌＊2・5ml、ニンニク1かけ、塩・コショウ各適量）
＊白玉味噌：漉し白味噌2kg、酒900ml、卵黄6個分を弱火にかけて30分間練り上げる。

●

①ワサビの葉に上白糖適量をまぶして1時間おく。塩よりも砂糖のほうが辛みが残り、塩味がつかない。

②60℃の湯をひたるくらいまで注ぐ。

③すぐに蓋をして、湯が冷めるまでそのままおく。

④アカガイは殻をはずして身を切り開き、ワタを取り除く。イカは脚とワタを抜いて皮をむき、さっとゆでておく。タケノコはアク抜きをしてだしで煮て味を含め、色紙切りにする。ウドは皮をむいて短冊に切る。ウドと菜ノ花はそれぞれ別にゆがいて八方だしにつけておく。菜ノ花、③のワサビの葉は適当な長さに切りそろえる。ワカメは戻して適当に切る。

⑤和え衣をつくる。ニンニクを沸騰した湯でゆでる。5秒間ほどゆでたら、すぐに冷水にとり、みじん切りにする。生のままだとにおいが強すぎるのでゆがいて和らげる。

⑥バジルの葉をすり鉢でなめらかにする。

⑦塩、コショウを適量加え、オリーブ油、ワサビ醤油、白玉味噌、ニンニクを加えてよくすり混ぜる。

⑧仕上がった和え衣。時間がたつとバジルの香りが落ちるので、使い切る量を仕込み、早めに使ったほうがよい。

⑨和え衣で④の材料、ボイルしたホタルイカを和える。器に盛り、花穂紫蘇をほぐして散らす。

いろいろ

バジルとワサビは意外に相性がよい。この組合せを和え衣に利用した。ワサビ醤油を少々控え、白玉味噌を多く加えれば魚田用のペーストとしても利用できる。［中嶋］

下ごしらえと和え衣

1

2

3

4

5

6

7

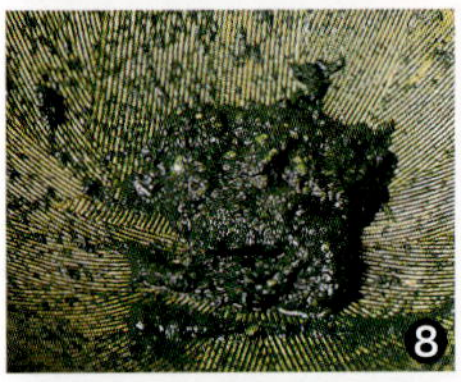
8

9

# 帆立貝、蛍烏賊、才巻海老の紫蘇ドレッシング

## 春キャベツ　新じゃがソテー　花穂紫蘇

ホタテガイ
ホタルイカ
サイマキエビ
キャベツ
新ジャガイモ、バター
紫蘇ドレッシング（大葉5枚、ポン酢100ml、八方だし＊50ml、オリーブ油5ml、白玉味噌＊15ml、塩・コショウ各適量）
花穂紫蘇
＊八方だし（だし8、ミリン1、淡口醤油1）
＊白玉味噌：漉し白味噌2kg、酒900ml、卵黄6個分。以上を弱火にかけて30分間ほど練ってつくる。

●

①ホタテガイは殻をはずしてワタとヒモを除く。貝柱に薄塩をあてて、脱水シートに包んで3〜4時間おく。
②中火で充分に熱した金網にのせて両面に焼き目をつける。
③すぐに氷水にとって水気をふく。
④ホタルイカは目、クチバシ、軟骨を抜いて、さっと湯通ししておく。あらかじめボイルしてあるものでも、湯通しすること。
⑤サイマキエビは頭、殻をむき、背ワタを取り除いて塩ゆでする。
⑥熱湯に塩を入れてちぎったキャベツをさっとゆでる。
⑦キャベツは、水にとらずにおか上げして、蒸気を飛ばす。
⑧ジャガイモはバターを一かけら入れた水でゆでる。バターを入れると、しっとりと仕上がり下味がつく。
⑨皮をむいて適宜に切り、オリーブ油を引いたフライパンで軽くソテーして焼き色をつける。
⑩紫蘇ドレッシングをつくる。上記の材料をミキサーに入れる。
⑪写真程度になるまでミキサーをまわす。
⑫ホタテガイ、ホタルイカ、サイマキエビ、キャベツ、新じゃがのソテーを合わせて盛り、紫蘇ドレッシングをかける。花穂紫蘇を添える。

いろいろ

ホタテガイはここでは網で焼き目をつけたが、よく熱した金串をあてて焼き目をつけてもよい。魚介類は必要以上に火を入れないように。［中嶋］

下ごしらえと紫蘇ドレッシング

●サラダ

# 小鯵の唐揚

夏野菜
シークワーサー　山葵

あじ

よく冷やした夏野菜のお浸しと揚げたての小アジの組合せ。最後にシークヮーサーを搾る。

ほかの柑橘類に比べて穏やかでさわやかな酸味がよい。

夏野菜は好みの素材をお浸しにし、たっぷり添える。［奥田］

小アジ2尾、葛粉・揚げ油　各適量
ズッキーニ・ジャンボピーマン（緑・赤・黄）・ナス
サヤインゲン・スナップエンドウ・ソラマメ・アスパラガス・
ヤングコーン・吸い地（だし、塩、淡口醤油）　各適量
おろしワサビ・濃口醤油　各適量
シークワーサー　適量

●

①ジャンボピーマンは、縦四つ割りにする。ズッキーニは1～2㎝厚さに切る。それぞれ網焼にして、焼き目をつける。ナスは網焼にし、熱いうちに皮をむき、焼ナスをつくる。

②サヤインゲン、スナップエンドウ、ソラマメ、アスパラガスは色よくゆでて、冷水にとる。

③ヤングコーンはかたいので、下ゆでしたあと、温めた吸い地で5～10分間煮る。吸い地ごと冷ます。

④だし、塩、淡口醤油を合わせて吸い地をつくり、①～③の野菜をそれぞれ別々にひたし、冷やしておく。

⑤小アジは内臓とゼイゴを除く。8㎜ほどの間隔で、斜めに骨に当たるくらい深く包丁を入れる。

⑥小アジに、すり鉢で細かく砕いた葛粉をまぶしつけ、180℃に熱した揚げ油で骨までかりっとするようじっくり揚げる。

⑦ひたした野菜類の汁気をきり、一口大に切って合わせる。おろしワサビ、濃口醤油を加えて和える。

⑧野菜を器に盛り、揚げたての小アジをのせる。小アジにシークワーサーを搾る。

●和え物

# 鯵一夜干しと春キャベツの和へ物

琥珀ゼリー
花穂紫蘇

あじ

アジは脱水シートで水分を抜いて焼き上げ、
やわらかな春キャベツと合わせた。
橙酢を旨だしで割り、
板ゼラチンで固めた琥珀ゼリーは常備しておくと便利。
温かい料理に添えて、少し溶け出したところをすすめるのもまたよい。［中嶋］

アジ、塩
キャベツ、塩
琥珀ゼリー＊（八方だし100ml、橙酢50ml、板ゼラチン6g）
花穂紫蘇
＊琥珀ゼリー…八方だし（だし8、ミリン1、淡口醤油1）と橙酢を合わせ、一度火にかけ、橙酢の酸味が飛ばない程度に火を入れてなじませ、粗熱がとれたら水で戻した板ゼラチンを入れて容器に流して固める。

●

①アジの一夜干しをつくる。アジは腹開きにし、薄塩をあてて1時間ほどおく。水気をふき取って、脱水シートに包んで、一晩冷蔵庫に入れておく。
②取り出して焼き上げ、大きめに身をほぐしておく。
③キャベツは一口大に手でちぎり、薄塩をふって、2時間ほど重しをして即席漬にする。
④アジのほぐし身、キャベツの即席漬をざっくり和える。
⑤アジとキャベツを盛り、さいのめに切った琥珀ゼリーを散らす。花穂紫蘇をあしらう。

●和え物

## 烏賊ミミの細造りと<br>ソーメンのそばつゆゼリー

ミニオクラ
酒盗　青柚子

いか

●和え物

## 車海老のひばり和へ

茄子

えび

●和え物

# 牡蠣白和へ

干椎茸甘辛煮　菊花　芹

かき

●和え物

## 烏賊ミミの細造りと<br>ソーメンのそばつゆゼリー

「烏賊そうめん」と「そうめん」を一つにした遊び心。形状が似ており表面は同じくつるつるしているが、その分、噛んだときの食感の違いが際立つ。全体をざっとかき混ぜるようすすめる。食欲の落ちる夏の先付によく、量を増やせば、しめの食事代わりにもよい。酒盗が味のアクセントになっている。［奥田］

アオリイカのエンペラ
そうめん
そばつゆゼリー（そばつゆ＊２００ml、板ゼラチン３g）
ミニオクラ、吸い地（だし、塩、淡口醤油）
酒盗、青ユズ
＊そばつゆ：だし6、濃口醤油1、ミリン1

●

①アオリイカをさばき、エンペラをはずす。薄皮をていねいにはがす。

②エンペラが厚い場合には、へいで2枚にする。蛇腹包丁を入れて、繊維に沿って、細造りにする。

③そばつゆゼリーをつくる。だしに濃口醤油、ミリンを加えて沸かし、そばつゆをつくる。水で戻した板ゼラチンを溶かして、粗熱をとり、冷蔵庫で冷やし固める。

④ミニオクラを塩少量（分量外）を加えた熱湯で色よくゆで、冷水にとる。水気をふき、吸い地にひたす。

⑤そうめんをゆでて、冷水にとり、しめる。

⑥グラスにそばつゆゼリーをしき、ゆでたそうめんをのせる。上からさらにそばつゆゼリーをかけ、アオリイカの細造りを盛る。お浸しにしたミニオクラを添える。酒盗を天にあしらい、すった青ユズを添える。

●和え物

## 車海老のひばり和へ

素揚げしたクルマエビとナスを色あざやかなソラマメの衣で和えた春から初夏に向く和え物。和え衣に使うソラマメは、煮くずれてもよいので、少しやわらかめにゆでる。［中嶋］

クルマエビ
ナス
揚げ油、塩
ソラマメ和え衣（ソラマメ、塩）

●

①クルマエビは頭と殻をはずす。背ワタを抜き、包丁の側面で身を軽く叩きつぶして、１５０℃に熱した揚げ油で素揚げにする。油から上げたらすぐに塩をふる。エビは叩いたほうが表面積が大きくなり、和え衣がつきやすくなる。

②ナスは半月切りにして同じ油で色よく揚げる。塩をふる。

③ソラマメ和え衣をつくる。ソラマメはサヤから取り出して塩ゆでし、皮をむく。これを裏漉しして和え衣とする。少量の水を加えてかたさを調節する。

④クルマエビ、ナスをソラマメ和え衣で和えて盛りつける。

●和え物

# 牡蠣白和へ

カキをふっくらと炊き上げるには必要以上に火を入れないように注意。余熱で火が通らないよう炊いた鍋ごと冷水につけて、早く熱をとる。シイタケは甘辛く煮たほうが、白和えのカキと調和する。もって菊（紫色のキク花）を入れると色合いがさらによくなる。［中嶋］

カキ、八方だし（だし8、ミリン1、淡口醤油1）
干椎茸甘辛煮（干しシイタケ6枚、戻し汁100ml、だし100ml、塩少量、ミリン7・5ml、濃口醤油15ml、砂糖15ml）
セリ、塩
キク花、酢
白和え衣（木綿豆腐½丁、生クリーム15ml、ミリン2・5ml、淡口醤油2・5ml、塩少量、八方だし適量）

●

①カキは殻をはずし、85℃以上に熱した八方だしで1分間強煮る。余熱で火が入りすぎないよう、鍋ごと冷水につける。
②干椎茸甘辛煮をつくる。干しシイタケを水につけて戻す。戻し汁、だし、調味料を右記の割合で合わせ、やや濃いめの味に。煮汁が半量に詰まるまで煮る。汁気を軽く搾ってせん切りにする。
③セリは塩を入れた熱湯でさっとゆでて水にとる。水気を搾って、食べやすい長さに切る。
④キク花は酢を入れた熱湯でさっとゆでて水にとる。水気を搾っておく。
⑤白和え衣をつくる。木綿豆腐を水切りして裏漉しし、すり鉢でなめらかにすり、生クリーム、調味料などを加えてなめらかにすり混ぜる。カキのひたし地の分を考慮して、かたさを調整する。
⑥提供直前にカキ、薄切りにした干椎茸甘辛煮、セリ、キク花を白和え衣で和える。

●和え物

## 鰹のたたき
## 醤油とバルサミコのつけだれ

茗荷　芽葱　紫芽　大葉　人参　ラディッシュ　独活　胡瓜

かつお

●刺身

## 鰹の細造り　赤味噌

ラディッシュ　長葱　茗荷　大葉　芽葱　紅蓼　紫芽　青芽
花穂紫蘇

かつお

●和え物

## ずわい蟹と菜の花のオイル和へ

かに

●和え物

## 渡り蟹と大阪菊菜の柿酢

真菰　とんぶり

かに

●和え物

# 鰹のたたき　醤油とバルサミコのつけだれ

初夏の風物カツオのたたきに、バルサミコ酢。奇をてらったかのようにみえる組合せだが、長期熟成によるまろやかさが特徴のバルサミコ酢は、醤油と実に合う。ポン酢などの柑橘系の酸味とは一味違った、丸みのあるさわやかさが新鮮。［奥田］

カツオ
つけだれ（濃口醤油1、バルサミコ酢1、白ゴマ）
薬味野菜（ミョウガ、芽ネギ、紫芽、大葉、ニンジン、ラディッシュ、ウド、キュウリ）

●

①カツオを三枚におろして串を打ち、火であぶってたたきにし、冷水にとる。平造りにする。
②つけだれをつくる。濃口醤油とバルサミコ酢を同量ずつ合わせ、煎ってすった白ゴマを加える。
③紫芽以外の薬味野菜は極細いせん切りにし、紫芽と合わせてはりを出すために冷水にさらす。水気をふく。
④器にカツオを盛り、薬味野菜をあしらう。つけだれをまわしかける。

●刺身

# 鰹の細造り　赤味噌

実はカツオと赤味噌は相性がよい。赤味噌には、同じくカツオとよく合うショウガ、ニンニクで風味を加える。ここでは背の身を使っているが、腹の身を使っても、また違うおいしさをたのしめる。［奥田］

カツオ
たれ（赤味噌50g、田舎味噌50g、ショウガみじん切り・ニンニクみじん切り各適量、温泉卵の黄身3個分）
薬味野菜（ラディッシュ、長ネギ、ミョウガ、大葉、芽ネギ、紅タデ、紫芽、青芽）
花穂紫蘇

●

①カツオは三枚におろし、背身と腹身とに切り分ける。背身を5㎝ほどに切り分け、繊維に沿って細い棒状に切る。
②たれをつくる。温泉卵の黄身を裏漉しし、赤味噌、田舎味噌、ショウガとニンニクのみじん切りと混ぜ合わせ、たれとする。
③ラディッシュは、薄いへぎ切りにする。長ネギは白髪にする。ミョウガと大葉はせん切りにする。芽ネギ、紅タデ、紫芽、青芽は軽く洗って水気をきる。以上をすべて混ぜ合わせる。
④器にカツオを盛り、花穂紫蘇を散らす。野菜を添える。オーブンペーパーでコルネをつくり、たれを絞り出す。

●和え物

## ずわい蟹と菜の花のオイル和へ

魚介類を和え物にするときは、おろしユズ、またはおろしショウガを加えると生ぐさみが抑えられ、すっきりする。［中嶋］

ズワイガニ　150g
米酢　少量
菜ノ花　1束
サラダ油　15ml
八方だし（だし8、ミリン1、淡口醤油1）5ml
塩　少量
ユズ

●

①ズワイガニは米酢を少量落とした熱湯でゆで上げ、殻をはずして身をほぐす。
②菜ノ花は塩を入れた熱湯でゆで、冷水にとる。水気を搾って食べやすく切る。
③カニ、ゆでた菜ノ花、あられ切りにしたユズの皮に、サラダ油、八方だし、塩、おろしたユズの皮を加え、味を調える。
④器に盛りつける。

●和え物

## 渡り蟹と大阪菊菜の柿酢

大阪キクナは11月から翌2月頃の寒い時期が旬。使い方はシュンギクと同じ。ゆがきすぎず歯ごたえと香りを残すこと。［上野］

ワタリガニ
大阪キクナ、塩、八方だし
マコモダケ、八方だし
柿酢（つぶした柿3、土佐酢1）
トンブリ

●

①ワタリガニは蒸して身を取り出しておく。
②大阪キクナは塩ゆでしておか上げして冷ましたのち、八方だしにつけておく。
③マコモダケは細いせん切りにし、八方だしで煮て味を含める。
④柿酢をつくる。よく熟れた柿をつぶし、土佐酢を加えて味を調える。熟し具合によって、土佐酢の甘さを調整する。
⑤ワタリガニ、食べやすい大きさに切ったキクナとマコモダケを器に盛り、柿酢をかけ、天にトンブリを盛る。

●和え物

# 真子鰈と筍の木の芽味噌ドレ

春蘭　片栗菜　ラディッシュ　酢どり軸防風

かれい

●和え物

## 鱚の唐揚　冷たいそうめんゼリー

ミニオクラ　赤ミニトマト　黄ミニトマト
青柚子

きす

●和え物

## 水雲彩々

芽葱　ラディッシュ　花穂紫蘇

子持昆布

●和え物

# 真子鰈と筍の木の芽味噌ドレ

飴色のマコガレイのあらいに、
緑鮮やかなシュンランとカタクリナと
赤色のボウフウのいろどりが
さわやかなサラダ風。
ドレッシングに混ぜる木ノ芽は
直前に入れないと色が悪くなる。［上野］

マコガレイ
タケノコ、だし
木の芽味噌ドレッシング（田舎味噌ドレッシング＊適量、叩き木ノ芽適量）
シュンラン、カタクリナ、ラディッシュ
酢どり軸防風（ボウフウ、酢、砂糖、塩、水）
＊田舎味噌ドレッシング：田舎味噌２００g、白ポン酢90ml、酢36ml、ミリン36ml、淡口醤油18ml、砂糖大さじ2・5〜3、オリーブ油１０８ml、サラダ油18〜36ml。材料をすべて混ぜ合わせる。

●

①マコガレイは五枚におろして、そぎ造りにし、氷水に泳がせて身を締める。

②タケノコは米糠と赤唐辛子を入れた水からゆでてアクを抜き、だしで煮て味を含ませる。朝掘りならば、アク抜きの必要はないので、だしで直炊きする。

③木ノ芽味噌ドレッシングをつくる。まず田舎味噌ドレッシングをつくり、叩き木ノ芽を混ぜ込む。

④シュンランとカタクリナは、熱湯でゆがいて水にとる。水気を搾っておく。

⑤器に木の芽味噌ドレッシングを流し、マコガレイを重ね盛りにする。スライスしたタケノコ、ゆがいたシュンランとカタクリナ、薄切りにしたラディッシュを添える。酢どり軸防風をあしらう。酢どり軸防風は、ボウフウの軸を切りそろえ、熱湯をかけて、甘酢につけたもの。

●和え物

# 鱚の唐揚 冷たいそうめんゼリー

めんつゆのゼリーをからめた
冷たいそうめんと、
揚げたての温かいキスの組合せを
たのしむ料理。
そうめんはかためにゆで、
しっかりと冷水で冷やす。［奥田］

キス、塩、葛粉、揚げ油
そうめん
そうめんゼリー（そうめんつゆ＊２００ml、板ゼラチン３g）
ミニオクラ、赤ミニトマト、黄ミニトマト
青ユズ
＊そうめんつゆ：だし8、濃口醤油1、ミリン1

●

①キスを三枚におろす。すり鉢ですり、裏漉しした葛粉をキスにまぶす。１８０℃に熱した油でかりっと揚げる。

②そうめんゼリーをつくる。そうめんつゆの材料を合わせて沸かし、火を止めて、水でふやかした板ゼラチンを溶かす。粗熱をとり、冷蔵庫で冷やし固める。

③ミニオクラはさっと塩ゆでする。ミニトマト2種は、皮を湯むきし、四つに切る。

④そうめんゼリーをスプーンなどでざっくりとくずし、野菜と合わせる。

⑤そうめんをかためにゆでて、冷水でしめる。④をからめ、器に盛る。揚げたてのキスをのせ、軽く塩をする。すりおろした青ユズの皮を添える。

●和え物

# 水雲彩々

生のモズクは、
熱湯をかけると色が格段によくなる。
子持昆布をモズクの中に潜ませて。［中嶋］

モズク（生）　1kg
つけ地（一番だし２００ml、二杯酢１００ml、淡口醤油50ml、煮切りミリン50ml）
ナガイモ
子持昆布
割ポン酢ゼリー（八方だし１００ml、橙酢50ml、板ゼラチン６g）
芽ネギ、ラディッシュ、花穂紫蘇
＊割ポン酢ゼリー：八方だし（だし8、ミリン1、淡口醤油1）と橙酢を合わせ、一度火にかけ、橙酢の酸味が飛ばない程度に火を入れてなじませ、粗熱がとれたら水で戻した板ゼラチンを溶かして容器に流して固める。

●

①モズクは熱湯をかけて色出しし、おか上げにする。食べやすい長さに切る。心持ち長めのほうが箸にかかりやすく食べやすい。
②一番だしに二杯酢、淡口醤油、煮切りミリンを合わせてつけ地をつくり、モズクを1日つけ込む。
③ナガイモと子持昆布をあられ切りにする。つけ地から引き上げたモズクとナガイモ、子持昆布を合わせ、割ポン酢ゼリーを加える。
④器に盛り、芽ネギと薄切りのラディッシュを添え、ほぐした花穂紫蘇を散らす。

●和え物

## 焼〆鯖　炭火焼木の子おろしぽん酢

菊花　酸橘

さば

●和え物

## さより、小柱、水菜の酸橘和え

柚子

さより
こばしら

●サラダ

# 鰆のたたき　オレンジのポン酢ジュレ

オレンジ　たらの芽　蕨　こごみ　うるい　筍　独活　菜の花　空豆　水菜

さわら

●和え物

# 焼〆鯖
## 炭火焼木の子おろしぽん酢

〆鯖はあぶることで、脂がほどよく落ちて香ばしい風味が加わる。サバと同様、旬の茸類をあぶっておろしと合わせ、濃いめに味をつけて、つけ醤油がわりとする。［奥田］

サバ、塩、酢
エリンギダケ、マイタケ、シイタケ、シメジタケ
ダイコンおろし、ポン酢＊
キク花、スダチ
＊ポン酢：ユズ果汁1・8リットル、たまり醤油2・16リットル、濃口醤油900ml、煮切り酒450ml、昆布、かつお節。材料をすべて合わせ、冷蔵庫で味の角がとれるまで1日ねかせる。翌日漉して瓶詰めし、冷蔵庫で保存する。

●

①サバを三枚におろし、強塩をする。脂の多い腹身には、とくにしっかり塩をする。
②3時間たったら、流水に5分間ほどさらして水洗いする。サバの表面が白くなるまで、生酢に30分間つける。
③小骨を抜く。皮目をバーナーであぶり、八重造りにする。
④エリンギダケ、マイタケ、シイタケ、シメジタケは食べやすい大きさに切る。炭火で香ばしく網焼にする。
⑤茸類とダイコンおろしを和え、ポン酢で少し濃いめに味をつける。キク花を加え混ぜて茸おろしとする。
⑥器にあぶった〆鯖と茸おろしを盛る。キク花を散らしスダチを添える。醤油ではなく、茸おろしで食べてもらう。

●和え物

# さより、小柱、水菜の酸橘和え

全体的にさっぱりした味つけなので、サヨリ自体の味が引き立つ。ワサビとスダチの持ち味を生かしたいので、提供直前にさっと和えて供する。混ぜすぎて味がなじみすぎないよう注意。［奥田］

サヨリ
コバシラ
ミズナ
濃口醤油、おろしワサビ、スダチ果汁
ユズ

●

①サヨリを三枚におろす。皮を引き、1cm幅くらいの斜め細切りにする。
②コバシラを掃除する。
③ミズナを五分ほどの長さに切る。
④サヨリ、コバシラ、ミズナを合わせる。濃口醤油、おろしワサビ、スダチの果汁を加えてざっくりと手で和える。味が馴染みすぎると、ワサビやスダチの風味が飛んでしまうので、あまり混ぜすぎない。
⑤器に盛り、みじん切りのユズを散らす。

●サラダ

# 鰆のたたき オレンジのポン酢ジュレ

サワラのたたきに、
オレンジでつくった
ポン酢のジュレを添えた。
オレンジの酸味は穏やかなので、
サワラの味が引き立つ。
オレンジで足りない分は、
まろやかな酸味の吟醸酢を加える。［奥田］

サワラ
オレンジポン酢ジュレ（オレンジ果汁１５０ml、吟醸酢１００ml、濃口醤油１００ml、煮切り酒50ml、板ゼラチン６g）
タケノコ＊、地（だし10、淡口醤油1、ミリン1、昆布）
タラノ芽、コゴミ、ウルイ、ウド、菜ノ花、ソラマメ、塩
ミズナ、オレンジ
ワラビ＊、地（だし8、淡口醤油1、ミリン1）
＊タケノコ：タケノコは、米糠と赤唐辛子を加えて水から2時間以上ゆでてアク抜きをする。ゆで汁ごと一晩冷まし、翌日洗って皮をむき、適当な大きさに切る。だし、昆布とともに鍋に入れ、火にかける。沸いたらアクをすくい、淡口醤油とミリンを加え、弱火で約30分間煮含める。冷めたら一口大に切る。
＊ワラビ：ワラビは灰でアク抜きして、きれいに洗う。一口大に切り、水からゆでてザルに上げる。地の材料を合わせて沸かし、下ゆでしたワラビを加える。一煮立ちしたらアクをすくい、冷水にあてて冷ます。

●

①サワラを三枚におろして節にとる。ここでは腹身を使う。
②皮目に5㎜間隔で浅く包丁を入れる。串打ちして、直火であぶり、冷水にとってたたきにする。平造りにする。
③オレンジポン酢ジュレをつくる。板ゼラチン以外の材料を合わせて沸かす。ここに水でふやかした板ゼラチンを加えて溶かす。粗熱がとれたら冷蔵庫で冷やし固める。
④タラノ芽、コゴミ、ウルイ、ウド、菜ノ花、ソラマメは塩ゆでにする。ミズナを五分ほどの長さに切る。オレンジは、皮と薄皮をむく。
⑤器にサワラのたたきと野菜類を盛り合わせ、オレンジポン酢ジュレをまわしかける。

●和え物

## 秋刀魚マリネ

人参　ラディッシュ　蓮根　赤玉葱　菊花
浅葱

さんま

サンマをマリネ液につける。

●和え物

## 秋刀魚梅肉和へ

えのき茸　しめじ茸　水菜　菊花
白胡麻

さんま

●寄物

## 丸のジュレ　冷製

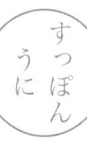

雲丹　叩きオクラ
針生姜

すっぽん
うに

●和え物

## 鯛の小蕪和へ

塩昆布

たい

●和え物

# 秋刀魚マリネ

生のサンマのテクスチャーを邪魔しないよう、野菜はできるだけ薄く切る。マリネ液はだしをベースにしたやわらかい味。野菜とサンマを一緒につけるので、両者の旨みや脂が同時に液に溶けて、互いに浸透し合う。別々につけたのでは得られない味の調和を楽しむ料理。[奥田]

サンマ、塩、酢
ニンジン、ラディッシュ、レンコン、赤玉ネギ、キク花
マリネ液（だし2、白ワイン酢2、オリーブ油1、淡口醤油・塩・白コショウ各少量）
アサツキ

●

①サンマを三枚におろし、薄塩をして30分間おく。
②塩を水でさっと洗い流し、水気をふく。酢に10分間つける。表面が白くなったら取り出しておく。
③ニンジン、ラディッシュ、レンコン、赤玉ネギをなるべく薄く切り、水にさらす。アサツキは、2～3cm長さに切りそろえる。
④サンマ、野菜類（ニンジン、ラディッシュ、レンコン、赤玉ネギ）、ゆがいて水気を搾ったキク花をバットに入れ、マリネ液を注ぎ、1時間以上つけておく。マリネ液は、材料をすべて混ぜ合わせてつくる。
⑤マリネしたサンマを一口大に切り、野菜類、キク花とともに器に盛る。アサツキをあしらう。

●和え物

# 秋刀魚梅肉和へ

2色のキク花と焼いたサンマを梅干し味の和え衣で和えた秋の一品。サンマをかりかりに焼くことがこの料理のポイント。ゴマ油の風味が決め手となる。隠し味のおろしワサビを忘れずに。[中嶋]

サンマ、ゴマ油、濃口醤油
エノキダケ
シメジタケ
ミズナ
キク花（黄色・紫色）、酢
和え衣（梅干し2個、白玉味噌*少量、濃口醤油10ml、おろしワサビ少量）
白ゴマ
*白玉味噌：漉し白味噌2kg、酒900ml、卵黄6個分。以上を弱火にかけて30分間ほど練ってつくる。

●

①サンマはさっと水洗いし、水気をふき取る。全体にゴマ油を薄く塗って、直火でかりかりに焼く。そのまま冷ます。
②冷めたら身をほぐし、濃口醤油を全体にかける。
③エノキダケは適宜に切る。シメジタケはほぐす。それぞれ熱湯でさっとゆでてザルに上げて冷ます。ミズナは熱湯でゆでて冷水にとり、食べやすく切る。
④キク花をほぐして酢を入れた熱湯にさっとくぐらせ、冷水にとって水気を搾ってほぐしておく。
⑤和え衣をつくる。梅干しは種を除いてつぶし、白玉味噌、おろしワサビを加えて混ぜる。
⑥サンマ、キノコ類、ミズナ、キク花を和え衣で和える。器に盛り、白ゴマをふる。

●寄物

# 丸のジュレ　冷製

スッポンはその外観から、
関西では「丸」と呼ばれている。
スッポンの鍋を「丸鍋」などという。
そのスッポンを使ってだしをとり、
煮詰めて旨みを凝縮させて
冷たい寄物にした。
やわらかな煮凝りにすることがポイント。
［中嶋］

スッポンだし（スッポン1kg程度1匹、酒・水各1・8リットル、爪昆布4枚）　1
だし　1
オクラ
蒸しウニ
八方だし（だし8、ミリン1、淡口醤油1）
針ショウガ

●

①スッポンを六つほどきにする。
②スッポンだしをとる。ボウルにほどいたスッポンを入れ、80℃くらいの湯を注いで薄皮をむく。
③鍋に薄皮をむいたスッポンを入れ、水、酒、爪昆布を入れて火にかける。沸騰したら中火にして、ていねいにアクを取り除きながら2時間ほど煮て、スッポンだしをとる。
④漉したスッポンだしを火にかけて2割ほど煮詰める。同量のだしで割る。これをガラスの器に流す。
⑤冷蔵庫で冷やし、ゆるめに固める。
⑥オクラを熱湯でゆでて、縦に割って種を除き、包丁で刃叩きする。
⑦提供時にオクラと蒸しウニを上に添えて、八方だしを流し込む。八方だしは材料を合わせて一旦熱して冷やしたもの。針ショウガをあしらう。

●和え物

# 鯛の小蕪和へ

塩昆布を加えたあと、
時間をおくと昆布から
粘りが出てしまうので、
合わせたらすぐに供する。
甘酢漬にしたラッキョウのみじん切りや
実ザンショウを加えて
アクセントにしてもよい。
造りを醤油以外の味で食べる技法の一つ。
［中嶋］

タイ
小カブ、塩
塩昆布

●

①タイを三枚におろし、上身にする。皮を引いて糸造りにする。
②小カブは皮をむき、せん切りにして薄塩をあてて即席漬（30分間～1時間塩漬にする）とする。軸も少量ゆでてからみじん切りにして混ぜる。
③塩昆布は針状に細く切る。
④タイ、小カブの即席漬、塩昆布を手早く合わせ、昆布の粘りが出ないうちに供する。

●寄物

## 白子の蓬ババロア

黄身酢　蓬

たい

●和え物

## 鯛皮の白酢和合え

若布　独活

酢どり軸防風

たい

●和え物

## 鯛昆布〆　いくらおろし和え

三つ葉
柚子

たい
いくら

●寄物

## 鯛鰤の雲丹寄　青海苔化粧

たい
うに

●寄物

# 白子の蓬ババロア

タイの白子の裏漉しに
ヨモギでつくったピュレを混ぜ込んだ、
ふんわりやわらかなババロア。
よもぎピュレはえぐみがあるので、
味をみながら加える分量を加減すること。
ヨモギのかわりにバジルを使うと
洋風な料理に仕上がる。[上野]

タイの白子　200g
だし　180ml
粉ゼラチン　10g
生クリーム　50ml
よもぎピュレ（ヨモギ、塩）　40g
黄身酢（卵黄10個、酢50ml、砂糖60g、サラダ油少量）
ヨモギ

●

①タイの白子を塩を加えただし（分量外）で炊いて火を通す。
②白子を裏漉しして、熱いだしを合わせる。ふやかした粉ゼラチンを混ぜる。
③冷めたら、泡立てた生クリーム、よもぎピュレを加えて混ぜる。よもぎピュレは、ヨモギを熱湯でゆでて、すり鉢ですり、塩少量を加えたのち、裏漉ししたもの。
④器に流し入れて、冷やし固める。
⑤提供時に黄身酢を添え、ヨモギを飾る。黄身酢は、材料をすべて混ぜ合わせ、弱い湯煎に2時間ほどかけて練る。

●和え物

# 鯛皮の白酢和合え

美しいタイの皮をワカメとウドとともに
白酢で和えた。
タイの皮を霜降りしたら、
水の中でヌメリなどを落とすと
生ぐさみがとれてよい。[上野]

タイの皮
白酢（木綿豆腐100g、淡口醤油15ml、砂糖30g、酢20ml、レモン・練りゴマ各少量）
ワカメ
ウド
酢どり軸防風（ボウフウ、酢、砂糖、塩、水）

●

①タイの皮はさっと熱湯にくぐらせて冷水にとり、ヌメリなどを落とす。水気をふいて細切りにする。
②ワカメは水につけて戻し、熱湯をかけて色出しをし、適当な大きさに切る。
③ウドは棒状に切って、ゆがいておく。
④白酢をつくる。木綿豆腐をあたり鉢ですり、その他の材料を加えてすり混ぜる。
⑤白酢でタイの皮、ワカメ、ウドを和え、器に盛る。天に酢どり軸防風を添える。酢どり軸防風は、ボウフウの軸の部分だけを切りそろえ、さっと熱湯をかけて甘酢につけたもの。

●和え物

## 鯛昆布〆　いくらおろし和え

丸1日昆布締めにしたタイを角造りにし、いくらおろしで和えた。タイとイクラの濃厚な味わいを、ダイコンおろし、三ツ葉でさっぱりといただく。［奥田］

タイ、昆布、酒、塩
イクラ、ダイコン
三ツ葉
淡口醤油・濃口醤油各少量
おろしワサビ、スダチ果汁
ユズ

●

①イクラをつけ地につける。（↓104頁鮭といくらの親子焼）。

②タイを三枚におろし、皮を引く。さくに取り、薄塩をあて、30分〜1時間おく。

③昆布を酒でふく。タイを昆布ではさみ、ラップフィルムで包む。冷蔵庫で丸1日ねかせる。

④昆布締めにしたタイを、角造りにする。まず繊維に沿って横に細長く切り取る。次に繊維に対して垂直方向に包丁を入れ、軽くそぐようにしてタイを引く。

⑤三ツ葉の茎を塩湯でさっとゆがき、五分ほどの長さに切る。

⑥角造りにしたタイ、イクラ、ダイコンおろし、三ツ葉を合わせる。淡口醤油、濃口醤油各少量、おろしワサビ、スダチ果汁で味を調える。器に盛り、みじん切りのユズを散らす。

●寄物

## 鯛鮞《はららご》の雲丹寄　青海苔化粧

前菜や酒肴などに向くシンプルな一品。青海苔をのせてから、天火で軽くあぶると香りよく仕上がる。

［上野］

タイの肝
玉酒（酒1、水1）、砂糖・淡口醤油各少量
雲丹すり身（白身魚のすり身3、練りウニ1）
青海苔

●

①タイの肝を霜降りし、少量の砂糖、淡口醤油で味を調えた玉酒で炊く。

②雲丹すり身をつくる。白身魚のすり身と練りウニをすり混ぜる。

③雲丹すり身とタイの肝を混ぜ合わせる。流し缶に流し、20分間程度で蒸し上げる。

④冷めたら上に細かくすりおろした青海苔を茶漉しなどでまんべんなくふる。

⑤適当な大きさに切り出して供する。

●和え物

# 平貝春菜づくし

叩き木の芽

たいら貝

●サラダ

## 蒸し蛸とサニーレタス、クレソンのサラダ

たこ

●サラダ

## 飯蛸と北寄貝の木の芽紗羅陀

菜の花　ホワイトアスパラ

たこ
ほっき貝

●和え物

# 平貝春菜づくし

表面をさっとあぶったタイラガイを、
たっぷりの春の山菜と合わせた。
最後に、ワサビ、濃口醤油、
スダチを加えたあとは、混ぜすぎないこと。
口の中で味が混ざるくらいがちょうどいい。
[奥田]

タイラガイ
タケノコ、地（だし10、淡口醤油1、ミリン1、昆布）
ワラビ、地（だし8、淡口醤油1、ミリン1）
菜ノ花、ソラマメ、タラノ芽、コゴミ、山ウド、ウルイ、カタクリナ、つけ地（だし、塩、淡口醤油）
ミズナ
木ノ芽
おろしワサビ、濃口醤油、スダチ果汁

●

①タイラガイの貝柱を殻からはずし、内臓とヒモを取り除き、薄皮をむく。バーナーであぶったのち、冷水にとって焼霜にする。
②タケノコは米糠と赤唐辛子を加えてゆでてアク抜きをし、炊いておく。（→63頁鰆のたたき オレンジのポン酢ジュレ）
③ワラビは灰でアク抜きし、炊いておく。（→63頁鰆のたたき オレンジのポン酢ジュレ）
④菜ノ花、ソラマメ、タラノ芽、コゴミ、山ウド、ウルイ、カタクリナは、それぞれ熱湯でさっとゆでて冷水にとり、水気を搾って、つけ地に2時間以上ひたす。
⑤②〜④の山菜類を地から取り出し、食べやすい大きさに切る。タイラガイも一口大に切る。ミズナは3〜4cm長さに切りそろえる。ボウルに入れて、おろしワサビ、濃口醤油、スダチの果汁、粗く刻んだ木ノ芽を加え、手でざっくりと合わせる。
⑥きれいに洗ったタイラガイの殻に⑤を盛る。

●サラダ

# 蒸し蛸とサニーレタス、クレソンのサラダ

イタリア料理のオリーブ油の使い方を
応用した一品。
ざっくりとタコと葉野菜を盛り合わせ、
お客様の目の前で
熱いオイルをかけて供する。[中嶋]

タコ
サニーレタス
クレソン
松ノ実
煎りゴマ
塩、コショウ、橙酢
オイル（オリーブ油1、ゴマ油1）

●

①タコは蒸し上げて、食べやすい大きさに切る。
②サニーレタス、クレソンを食べやすくちぎる。
③タコ、サニーレタス、クレソンをざっくりと合わせて塩、コショウ、橙酢各適量（味は好みで）で和えて盛りつける。
④松ノ実と煎りゴマをふる。
⑤オリーブ油とゴマ油を同量ずつ合わせて、熱する。
⑥お客の前で熱いオイルをかける。

●サラダ

# 飯蛸と北寄貝の木の芽紗羅陀

イイダコとホッキガイのサラダ風。
ドレッシングには、
叩き木ノ芽のかわりに、香りのよい、
生海苔やユズの皮などを入れると、
違った味がたのしめる。［上野］

イイダコ
ホッキガイ
菜ノ花、塩
ホワイトアスパラガス
ドレッシング（オリーブ油3、サラダ油3、酢0・5、酒1・5、ミリン2、白醤油2、スダチ酢2、木ノ芽適量）

●

①イイダコはクチバシと墨袋を取り除いて、胴から脚を切り落とす。脚は60℃の湯で15秒間程度泳がせる。胴は熱湯でゆがく。

②ホッキガイは、さばいて先を熱湯につける。赤く色が出たら全体をさっと湯にくぐらせる。

③菜ノ花は、塩を加えた熱湯でゆでて水にとる。ホワイトアスパラガスは熱湯でゆでて適当に切る。

④ドレッシングをつくる。油と調味料を混ぜ合わせ、叩き木ノ芽を混ぜ込む。

⑤イイダコ、ホッキガイ、菜ノ花、ホワイトアスパラガスを盛り、ドレッシングをかける。

●和え物

## 生子白和へ

防風

なまこ

●サラダ

## 鱧落し　いろいろ野菜の煮浸し

マイクロトマト

はも

●寄物

## 鱧のあんぺい

共子酒盗と共出汁ジュレ
胡葱

はも

●和え物

## 生子白和へ

寒中の先付として便利な一品。
茶ぶりなまこにするのは、
ヌメリと生ぐさみを取るため。
またナマコの肉質も
ほどよくやわらかくなり、
色も鮮やかになる。［中嶋］

ナマコ
番茶抽出液
白和え衣（木綿豆腐½丁、生クリーム15ml、ミリン2・5ml、淡口醤油2・5ml、塩少量、八方だし適量）
ボウフウ

●

①ナマコの両端を切り落とし、腹の中の内臓を取り出して掃除する。
②小口から切り、ザルに並べて熱い番茶の抽出液にひたす。ツノが立ったら引き上げ、水気をふき取る。
③ナマコを白和え衣で和える。白和え衣は、水切りして裏漉しした木綿豆腐をすり鉢でなめらかにすり、生クリーム、調味料などを加えてなめらかにすり混ぜたもの。
④器に盛り、ボウフウを添える。

●サラダ

## 鱧落し　いろいろ野菜の煮浸し

ミニ野菜を使うので、
ほどよいボリュームにまとめつつ、
さまざまな野菜の味をたのしめる。
ハモのあっさりした味に、
野菜それぞれの味わいが華を添える。
よく冷やし、カクテルグラスに盛ることで
見た目も涼しく。［奥田］

ハモ
ミニオクラ、サヤインゲン、ヤングコーン、ミニアスパラガス、つけ地（だし、淡口醤油、塩）
ナス、吸い地（だし、塩、淡口醤油）、濃口醤油
ミニトマト、姫ニンジン、姫ダイコン、エダマメ、カイワレ、スプラウト
酢どり茗荷＊（ミョウガ30個、米酢210ml、水650ml、砂糖80g、塩一つまみ）
ドレッシング（グレープシード油1、ユズ果汁1、ユズの皮・塩各少量）、梅肉
マイクロトマト＊

＊酢どり茗荷：ミョウガを縦半分に切る。さっとゆがき、冷ます。酢、水、砂糖、塩を合わせ混ぜ、そこにミョウガを1時間以上つけ込む。
＊マイクロトマト：直径1㎝足らずの小さなトマト。一枝に10～20粒ほどついた状態で出荷される。小さいながら、味は濃厚。おもにあしらいとして用いられる。

●

①ハモの落しをつくる。ハモをおろし、骨切りをする。3㎝幅に切り分ける。湯通しし、冷水にとる。
②ミニオクラ、サヤインゲン、ヤングコーン、ミニアスパラガスは、さっとゆで、それぞれつけ地にひたす。ナスは、焼なすにし、濃口醤油を少量たらした吸い地につけて、お浸しにする。すべて30分間以上つけておく。
③ミニトマトは、皮を湯むきして四つに切る。姫ニンジン、姫ダイコンは薄いへぎ切りにし、軽くゆがいて水気をふく。エダマメは、塩ゆでし、サヤから豆をはずす。
④②の野菜をそれぞれつけ地から上げる。適当な大きさに切り、③の野菜、カイワレ、スプラウト、酢どり茗荷と合わせる。グレープシード油、ユズ果汁、すりおろしたユズの皮、塩少量を合わせてつくったドレッシングでさっと和える。
⑤ハモと野菜をカクテルグラスに盛る。ハモには、梅肉少量をのせる。カクテルグラスの縁に、マイクロトマトをあしらう。

●寄物

# 鱧のあんぺい

あんぺいをつくるとき、包丁を使うと、骨が切れてしまうので、お好み焼き用のヘラで身を細かく叩くとよい。

あんぺいとは、すり身でつくるはんぺんのようなもので、はんぺんよりもふんわりやわらかい。［上野］

鱧あんぺい（ハモのミンチ２００g、ヤマイモのすりおろし20g、卵白15ml、塩少量）
鱧酒盗（↓１４６頁鱧の共子枝豆焼）
鱧コンソメジュレ（ハモのコンソメ５００ml↓86頁、板ゼラチン５g）
小ネギ

●

①鱧あんぺいをつくる。まずハモをさばく。お好み焼用のヘラ（ハガシ）で身を細かく叩いて、こそげ落とす。
②ハモの身をすり鉢であたり、ヤマイモ、卵白、塩をすり混ぜて、あんぺいをつくる。
③スプーンをぬらしてあんぺいを丸く取り、蒸し器に入れて2〜3分間蒸す。そのまま冷まして、冷蔵庫で冷やしておく。
④ハモのコンソメを温め、水でふやかした板ゼラチンを溶かす。バットなどに流し、粗熱がとれたら冷蔵庫で冷やし固めてジュレとする。
⑤器にあんぺいを盛り、まわりに砕いたジュレを流し、天に鱧酒盗を盛る。小ネギを散らす。

●和え物

## ふぐ皮、水菜、長芋、青葱、大根、ちり酢和え

柚子

ふぐ

●和え物

## ふぐ焼霜とふぐ皮の和え物

壬生菜　油揚げ

柚子

ふぐ

●和え物

# 鮪のトロと鰤のトロ、辛味大根和え

造り醤油

まぐろ
ぶり

●和え物

## ふぐ皮、水菜、長芋、青葱、大根、ちり酢和え

湯通しすると
ぷるぷるになるフグ皮を細切りにして、
ミズナやナガイモなど
食感の異なる素材と和えた。
フグ皮に合わせて、
ほかの素材も細長く切りそろえる。
ちり酢は、ていねいに混ぜると
味がなじみすぎてぼやけるので、
ざっくりと和える。［奥田］

フグ皮（真皮、トオトウミ、身皮）
ミズナ、ワケギ、ダイコン、ナガイモ
ちり酢（ダイコンおろし1本分、万能ネギ２００g、レモン果汁５個分、煮切り酒９００ml、濃口醤油30ml、たまり醤油１００ml、一味唐辛子適宜）
ユズ

●

①フグを三枚におろし、フグの皮（真皮、トオトウミ、身皮）をはがす。
②フグ皮を10秒間ほど熱湯に落とし、冷水にとって湯引きする。３㎝長さのせん切りにする。
③ミズナとワケギは3㎝長さに切りそろえる。ダイコンとナガイモは皮をむき、３㎝長さのせん切りにする。
④ちり酢をつくる。万能ネギは包丁で叩いて細かいみじん切りにする。それ以外の材料とざっくりと混ぜ合わせる。
⑤フグ皮、ミズナ、ワケギ、ダイコン、ナガイモを合わせて器に盛る。ちり酢をかける。みじん切りのユズをふる。

●和え物

## ふぐ焼霜とふぐ皮の和え物

フグの上身は焼霜に、
フグ皮はさっと湯引きにして、
ミブナ、油揚げのお浸しと和えた。
上身は表面の色がかわる程度に火を入れ、
中は生の状態。［奥田］

フグの上身
フグ皮（真皮、トオトウミ、身皮）
ミブナ、油揚げ、つけ地（だし、塩、淡口醤油）
スダチ、ユズ

●

①フグを三枚におろし、皮（真皮、トオトウミ、身皮）を引く。
②上身をバーナーであぶり、氷水にとる。一口大のそぎ切りにする。
③フグ皮を湯引きする。熱湯に入れ、10秒間たったら引き上げ、冷水にとる。水気をふき取り、せん切りにする。
④ミブナは熱湯でさっと塩ゆでして、冷水にとる。水気を搾ってつけ地にひたす。
⑤油揚げに熱湯をかけて油抜きする。温めたつけ地（ミブナとは別々につける）に入れて、5分間炊く。
⑥そぎ切りにしたフグの身、せん切りにしたフグの皮、ひたして2〜3㎝長さに切りそろえたミブナ、ひたして細切りにした油揚げを合わせる。スダチを搾り入れ、ざっくり混ぜる。器に盛って、みじん切りのユズをふる。

●和え物

# 鮪のトロと鰤のトロ、辛味大根和え

脂のたっぷりのったマグロとブリのトロに辛味ダイコンのすりおろしをたっぷりと添える。

トロの表面は鹿の子切りにし、醤油とのからみをよくする。

辛味ダイコンは、トロをさっぱりと食べさせてくれるうえ、ワサビと同様に辛味もある。［奥田］

マグロのトロ
ブリのトロ
辛味ダイコンおろし
造り醤油（かえし＊3、だし2）
＊かえし：たまり醤油1・8リットル、濃口醤油300ml、酒300ml、かつお節一つかみを鍋に入れ、ごく弱火でかつお節のエキスを溶かし出すように煮る。アクが出たら取り除く。

●

①マグロのトロとブリのトロを薄い平造りにする。造り身の両面に浅く、格子状に包丁を入れる。
②辛味ダイコンをすりおろす。
③マグロのトロとブリのトロを交互に盛り、上にたっぷりと辛味ダイコンのすりおろしをのせる。別に造り醤油を添える。造り醤油は、かえしとだしを合わせてつくる。

●和え物

# 帆立貝昆布〆針野菜　梅肉ドレッシング

ほたて貝

焼霜にしてから昆布で締めると、ホタテガイの旨みがさらに引き出される。梅肉の酸味のみでは、味に角がたってしまうので、リンゴ酢で補った。［中嶋］

ホタテガイ
塩、昆布
キュウリ
ニンジン
セロリ
梅肉ドレッシング（エクストラバージンオリーブ油15 ml、梅肉45 ml、リンゴ酢90 ml、塩・コショウ各少量、八方だし＊180 ml）
＊八方だし（だし8、ミリン1、淡口醤油1）

●

①ホタテガイは殻から取り出してワタとヒモをはずす。
②薄塩をあてたのち、強火でさっと網であぶって焼霜とし、すぐに氷水にとる。
③水気をふいて、昆布ではさんで一昼夜冷蔵庫において旨みを引き出す。
④梅肉ドレッシングをつくる。材料をすべて合わせてよく攪拌する。
⑤野菜類を針打ちし、混ぜ合わせる。針打ちとは、繊維に沿ってごく細いせん切りにすること。
⑥ホタテガイと針野菜を盛り合わせ、梅肉ドレッシングをかける。

# 椀物

●椀物

# 鱧のコンソメ椀

満月豆腐　冬瓜
鱧笛　芽葱　ディル

はも

ハモのアラでくせがない旨みのあるだしがとれる。西洋料理のコンソメの要領で、卵白でアクをひき、澄んだスープに仕上げる。香味野菜とともに煮て、ほのかなやさしい甘みを加えた。ハモのだしを完全に冷ましてから卵白を加えないと、にごってしまうので注意。［上野］

ハモのだし（ハモのアラ2本分、玉ネギ50g、ニンジン25g、パセリ茎適量、水1・2リットル、白ワイン30ml、塩・淡口醤油各適量）
ハモのコンソメ（ハモのだし右記分量、卵白1個分、玉ネギスライス25g、ニンジンスライス10g、スダチ果汁1個分）
ハモ、ハモの浮き袋
玉子豆腐（卵1、ハモのコンソメ4）
トウガン、八方だし（だし、塩、淡口醤油、ミリン）
芽ネギ、ディル

●

①ハモのだしをとる。ハモのアラを熱湯にくぐらせたのち、水にとり、タワシでヌメリをこすり落とす。
②骨抜きなどを利用して中骨についている血合をきれいに取り除く。
③適当な大きさに切り落として鍋に入れる。野菜、水、白ワインを入れて火にかけ、40分間煮る。
④約2割ほど煮詰まる。
⑤これを漉す。
⑥塩、淡口醤油で薄味をつけて完全に冷ましてハモのだしとする。
⑦ハモのコンソメをとる。野菜類は薄切りにしておく。
⑧卵白を溶きほぐして、野菜、スダチ果汁を加えてよ

## ハモのだしとハモのコンソメ

## ハモの浮き袋の下ゆで

①ハモの浮き袋

②端を切り落として中に通っているスジを抜く。

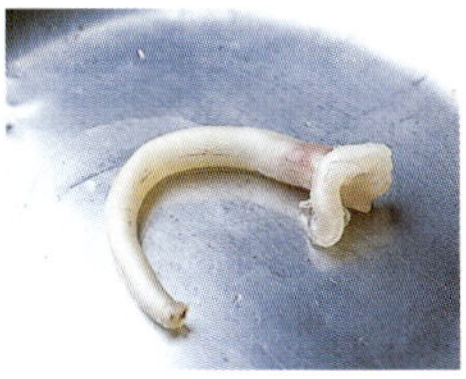

③熱湯でゆでて氷水にとる。

くもむ。

⑨もんだ状態。卵の殻を合わせる。

⑩ハモのだしを鍋に注ぎ、⑨を加えて火にかけ、かき混ぜる。沸騰直前で火を弱める。

⑪卵白が固まってくる。

⑫中央に穴を開けて対流をよくし、沸騰させないように5分間ほど加熱する。

⑬ザルを二重にして、間にペーパータオルを敷き、玉杓子で静かに漉してゆく。

⑭野菜の甘みをほのかに感じる、くせのない澄んだコンソメとなる。

⑮ハモをさばいて骨切りをし、一口大に切り落とす。薄塩をして、みじん切りにした芽ネギを骨切りした側に直接まぶし、その上からハケでまんべんなく葛粉をまぶす。沸した湯の中にさっと沈めて湯引きをし、氷水にとって水気をきる。ハモの浮き袋は、熱湯でゆでて氷水にとる。

⑯玉子豆腐をつくる。卵とハモのコンソメを上記の割合で合わせてよく混ぜ、漉して流し缶に流す。弱火で15〜20分間蒸す。

⑰トウガンを煮る。トウガンは大きめのくし形に切り、種を切り落として皮を薄くむく。皮目に細かく鹿の子包丁を入れて食べやすい大きさに切る。塩と重曹を1対1で合わせ、皮目にこすりつけて30分間おく。沸いた湯に入れてゆでる。火が通ったら、水にとってさらす。八方だしで炊いてそのまま冷まして味を含める。

⑱器に丸く抜いた玉子豆腐を盛り、トウガンを添える。ハモの落しと浮き袋を上に盛り、熱々のハモのコンソメを注ぐ。ディルの葉を添える。

# 小蛤と帆立の潮煮

ほんだわら　若布
木の芽

はまぐり
ほたて貝

ハマグリ　270g（小10個）
ホタテガイ　1個
水7、酒3、昆布、塩
真丈（ホタテ貝柱140g、ヤマイモすりおろし20g、白身魚すり身50g、卵白15ml、昆布だし少量）
ホンダワラ
ワカメ
木ノ芽

●

①ホタテガイを貝柱とワタとヒモに分ける。
②潮汁のだしをとる。鍋にハマグリ、ホタテガイのヒモ、昆布を入れ、ひたるくらいの水と酒（7対3）を注いで、落し蓋をして強火で熱する。
③ハマグリの殻が開いたら取り出しておく。ヒモと昆布も取り出す。
④アクをていねいに取り除く。必要ならば塩を加えて味を調える。
⑤真丈をつくる。粗みじんに切ったホタテ貝柱、ヤマイモのすりおろし、すり身、卵白をすり鉢に入れてする。フードプロセッサーを使用してもよい。
⑥なめらかになったら、昆布だしを少量加えてかたさを調整し、すり混ぜる。
⑦ボウルに1人分の⑥を取り分け（全体の⅕量）、ハマグリ10個のむき身を加えて混ぜる。

真丈に火を入れるさい、
ゆでる湯を沸騰させると、
巣が入り、
なめらかな仕上がりにならないので注意。［上野］

⑧ラップフィルムにとり、茶巾に包む。沸騰しない程度の温度の湯で5分間ゆでる。
⑨ホンダワラとワカメは水で戻したのち、熱湯をかけて色出しする。適宜に切る。
⑩椀に真丈、ホンダワラ、ワカメを盛り、熱々の潮汁をはる。天に木ノ芽を盛る。

## 潮汁のだしと真丈

1

2

3

4

5

6

7

8

●椀物

## 白甘鯛と松茸の挟み焼　美味出汁椀

かいわれ菜　酸橘

あまだい

●椀物

## 桜海老のすり流し、鮎魚女と玉子豆腐

たらの芽　椎茸
木の芽

えび
あいなめ

●椀物

# 車海老の天吸

茄子　獅子唐　小芋
木の芽

えび

●椀物

# 白甘鯛と松茸の挟み焼 美味出汁椀

白アマダイとマツタケをはさんで焼くことで、
白アマダイにマツタケの香りを移して、
一体感をもたせた。
白アマダイの中骨でとっただしに
スダチを搾って、
さっぱりとした椀物仕立てに。
白アマダイの切り身とマツタケは
同じ大きさに切りそろえると、
ちょうどよく焼き上がる。［上野］

白アマダイ、塩
マツタケ
美味出汁（白アマダイの中骨、かつおだし、淡口醤油、塩、酒）
カイワレ
スダチ果汁

●

①白アマダイを三枚におろす。塩をして（塩焼と同程度の塩加減）2時間ほどおく。ここで用いたアマダイは2kgほどの大型のもの。小さい場合は、これより時間を短かくするなど、塩をする時間を調節する。

②美味出汁をとる。かつおだしをとって、淡口醤油、塩、酒をそれぞれ適量ずつ加えて吸い地程度に味を調え、すまし汁をつくる。白アマダイの中骨をこんがりと焼いて加える。このまま10分間ほど煮て、すまし汁に白アマダイの味を移す。

③アマダイの上身を薄い切り身にする。大きさはマツタケに合わせる。マツタケは傘が開いていない小ぶりのものを用意する。サラシをかたく絞ってマツタケの汚れを掃除し、石突の汚れを削り落として縦半分に切る。

④2枚のアマダイの切り身でマツタケをはさみ、串を打つ。炭火で香ばしく焼く。

⑤串を抜いて、器に盛り、熱々の美味出汁を注ぐ。さっとゆがいたカイワレを添え、スダチを搾る。

●椀物

# 桜海老のすり流し、鮎魚女と玉子豆腐

サクラエビのヒゲを取り除き、
フードプロセッサーで
ペースト状にしたものをすり流しにした。
さっぱりとしたアイナメと玉子豆腐が、
生のサクラエビならではの香りと
濃厚な味を引き立てる。［奥田］

アイナメ、塩、葛粉
玉子豆腐（卵2個、だし１５０ml、塩、淡口醤油）
桜海老のすり流し（生のサクラエビ、だし、塩、淡口醤油、酒）
タラノ芽、シイタケ、吸い地（だし、塩、淡口醤油）
木ノ芽

●

①桜海老のすり流しをつくる。生のサクラエビのヒゲを取り除く。フードプロセッサーにかけてなめらかにし、だしでゆるめる。鍋に入れて温め、塩、淡口醤油、酒で味を調える。

②玉子豆腐をつくる。卵を溶き、だしと合わせる。塩と淡口醤油で味を調える。卵地をなめらかにするために漉し器で漉し、蒸し缶に流し込む。蒸し器で15分間蒸す。

③タラノ芽はゆでて、吸い地にひたす。シイタケはかくし包丁を入れて吸い地で炊く。

④アイナメを三枚におろし、小骨を抜いたあと、骨切りする。肩口から中心までは小骨が残るので、骨抜きで抜く。５㎝幅に切りそろえ、塩をあてて15分間おく。

⑤葛粉を打つ。ハケを使い、切り目の間にもまんべんなく葛粉をまぶす。余分な葛粉を落とし、塩少量（分量外）を加えた湯に落とす。葛粉に透明感が出てきたら、そっと引き上げる。

⑥椀に玉子豆腐を入れ、アイナメをのせる。タラノ芽とシイタケを添え、桜海老のすり流しを流し込む。天に木ノ芽をあしらう。

●椀物

# 車海老の天吸

天吸とは、そば屋の温かい天ぷらの種物から、そばやうどんなどのめんを抜いたもので、そば屋の肴として知られる。通常の天ぷら衣よりも黄身を少し多めに加えてふんわりとやわらかく仕上げた。［中嶋］

クルマエビ
ナス
シシトウ
コイモ、だし、塩、淡口醤油
天ぷら衣（薄力粉、卵、水）
揚げ油（太白ゴマ油7、ゴマ油＊3）
吸い地（だし、塩、淡口醤油）
木ノ芽

＊太白ゴマ油は、ゴマを煎らずに搾ってとった油で色が薄い。ここでゴマ油としたのは、焙煎したゴマから搾った油で、茶色く色がついている香ばしい油をさす。

●

①クルマエビは尾の部分を残して、頭と殻をはずし、背ワタを抜く。
②ナスは縦半分に切ったのち、横半分に切り、細かい包丁目を入れる。破裂しないようシシトウに竹串で穴を開けておく。コイモは下ゆでして、塩と淡口醤油で薄味をつけただしで煮含めておく。
③クルマエビ、ナス、シシトウ、コイモに天ぷら衣をつけ、170℃に熱した揚げ油でふんわりと揚げる。
④吸い地を熱し、天ぷらを入れてさっと煮て、椀に盛る。吸い口に木ノ芽を添える。

●椀物

# 銀鱈竹紙昆布巻白子みぞれ椀

京人参　大根　姫蕪
あられ柚子

ぎんだら
たら

細かく切り目を入れて蒸したギンダラ。

●椀物

## 丸豆腐椀

針葱

すっぽん

●椀物

## 鯛白子共寄椀

筍　芽蕪
木の芽

たい

●椀物

# 銀鱈竹紙昆布巻白子みぞれ椀

ギンダラの皮目に包丁を入れ、蒸してから竹紙昆布で巻く。その上に白子をのせ、みぞれ餡をかけた椀物。タラよりも脂肪分の多いギンダラには、濃厚な風味を持つ白子がよく合う。［奥田］

ギンダラ、塩、酒、竹紙昆布
タラの白子
みぞれ餡（ダイコンおろし15ml、だし２００ml、塩、淡口醤油、だし溶き葛粉）
京ニンジン、ダイコン、姫カブ、ユズ

●

①ギンダラを三枚におろし、皮目に3㎜深さの切り目を2㎜間隔で入れる。包丁を入れる方向は身に対して斜め45度。

②厚めの平造りにして、薄塩をあてて10分間おく。酒をふって、蒸し器で5分間蒸す。蒸し上がったギンダラを竹紙昆布で巻く。

③鍋に湯を沸かし、タラの白子を落とす。膜がぴんと張ったら、すぐに冷水にとる。水気をふいておく。

④だしに塩、淡口醤油で吸い地程度の味をつける。鍋で温め、沸いたらダイコンおろしを入れる。再び沸いたら火を止めて、だし溶き葛粉でとろみをつける。

⑤椀に、②を入れ、霜降りにしたタラの白子をのせる。細く切ってゆがいた京ニンジン、ダイコンとゆがいた姫カブをのせる。みぞれ餡をまわしかけ、あられユズをふる。

●椀物

# 丸豆腐椀

スッポンのだしを加えた吸い地に、スッポンをひそませた玉子豆腐を椀種とした。卵地の中にスッポンが隠れているので、箸を入れるとはじめてわかる。これが女性客に喜ばれる。なお、ここでは、あえてスッポンが見えるようにつくった。［中嶋］

ほどいたスッポン＊７００～８００g、爪昆布4枚、酒１・８リットル、水１・８リットル
玉子地（卵2個、スッポンのだし１５０ml、淡口醤油30ml、塩少量）
吸い地（スッポンのだし１００ml、だし１００ml、淡口醤油・塩各適量）
針ネギ
＊スッポン：重量が０・８～１kg のスッポンを使用。

●

①スッポンをほどいて、爪昆布、酒、水とともに火にかけ、沸騰したら中火にして、2時間ほど煮てだしをとる。

②スッポンの骨をはずして身をほぐす。皮と身をぶつ切りにする。

③玉子地をつくる。卵を溶きほぐし、すっぽんのだしを合わせ、淡口醤油、塩で味を調える。

④プリン型に玉子地、②のスッポンの皮と身を入れて、蒸し器に入れて中～弱火で蒸して丸豆腐をつくる。

⑤吸い地をつくる。スッポンのだし、昆布とかつお節でとっただしを合わせて火にかけ、淡口醤油、塩で味を調える。

⑥椀に蒸し上がった丸豆腐を型からはずして盛り、熱い吸い地をはる。針ネギを天に盛る。

●椀物

# 鯛白子共寄椀

タイの中骨やアラなどを使って潮汁をとり、タイの切り身と白子を椀種にした、タイづくしの椀。［中嶋］

タイ、塩
タイの白子、塩
タイ潮汁（タイのアラ1尾分、粗塩適量、水1リットル、昆布10㎝角1枚、淡口醤油、酒、塩）
タケノコ、だし
メカブ
木ノ芽

●

①タイを三枚におろす。上身に薄塩をあててしばらくおく。切り身にし、観音開きにする。

②タイの白子は立塩の中で洗う。切り身の大きさに合わせて切る。タイの切り身で白子をはさみ、はさみ串を打って蒸し上げる。

③タイの潮汁をとる。タイのアラに強めに粗塩をあてて1時間おく。さっと水洗いして霜降りし、水、昆布とともに中火にかける。途中アクをていねいに除きながら加熱する。沸騰直前に昆布を取り除く。タイの香りが充分出るまで煮る。これを漉して細かな身などをていねいに取り除く。淡口醤油、酒、塩で味を調える。

④タケノコは米糠と赤唐辛子を入れた水でゆでてアク抜きをしたのち、適宜に切り、だしで煮て味を含める。

⑤メカブは熱湯でゆでておく。

⑥椀に蒸したタイと白子、タケノコ、メカブを盛り、熱い潮汁をはる。木ノ芽を天に盛る。

# 桜鯛と共白子の洋風潮

ドライトマト　錦糸玉子
ディル　黒胡椒

タイ、塩、葛粉
白子餡（タイの白子100g、だし90ml、卵白少量、塩3g、葛粉10g、白醤油少量、牛乳30ml）
潮汁（タイのアラ200g、酒180ml、水180ml、昆布1枚、塩適量）
そうめん
錦糸玉子
ドライトマト、シイタケ
ディル、黒コショウ

●

①タイは三枚におろす。そぎ切りにして塩をあててしばらくおく。水分をふいて、粉末状にすった葛粉をハケでまぶす。タイを熱湯で霜降りする。
②白子餡をつくる。タイの白子を裏漉しする。
③だし、卵白、塩、白醤油、水で溶いた葛粉、牛乳を入れてよく混ぜる。
④弱めの火にかけて混ぜる。ふつふつと沸いてきたらごく弱火にして、右下の写真③程度まで練る。
⑤潮汁をとる。タイのアラに強めの塩をあてて2時間おいたのち、塩を洗い流してから焼く。酒、水を注いで、差し昆布をして火にかけ、15分間煮る。
⑥これを漉して潮汁とする。
⑦椀にゆがいたそうめんを盛り、熱い白子餡をかける。タイを盛り、潮汁を注ぐ。錦糸玉子、刻んだドライトマトと焼いたシイタケを添える。ディルの葉をあしらう。黒コショウをふる。

たい

桜が咲く前後3～5月くらいのマダイをサクラダイと呼ぶ。タイのアラはしっかり塩をなじませないと、潮汁にタイの旨みが出てこない。［上野］

白子餡

①水洗いして生を裏漉しする。

②だし、卵白、調味料などでのばす。

③ねっとりとするまで弱火で練る。

●椀物

## 雲子白味噌椀

黒胡椒

たら

●椀物

## 帆立貝焼霜真丈椀

松茸　姫蕪　大根　人参
柚子

ほたて貝

●椀物

# 雲子白味噌椀

クモコはタラの白子（精巣）のこと。白味噌に乳脂肪分の高い生クリームを加えてまろやかな白味噌仕立てに。［中嶋］

タラの白子、だし
白味噌仕立て2人分（だし500ml、白玉味噌＊45〜50g、生クリーム5ml、塩少量）
黒コショウ
＊白玉味噌：白味噌2kg、酒900ml、卵黄6個を合わせて弱火で30分間練り上げる。

●

①白子を塩水に30分間ほどつけたのち、水洗いし、水気をきる。

②白子を熱しただしでさっと炊く。食べやすい大きさに切る。

③白味噌仕立ての汁をつくる。だしを熱し、白玉味噌を溶かして、仕上げに生クリームを加え、塩少量で味を調える。白子を入れて温める。

④椀に盛り、粗挽きの黒コショウをふる。

●椀物

# 帆立貝焼霜真丈椀

ホタテガイを、その触感が残るようざっくりと切って真丈に加えた。ホタテガイはバーナーであぶるので、ほんのりと香ばしい。［奥田］

真丈（ホタテガイ1kg、白身魚のすり身500g、卵の素＊）
マツタケ、姫カブ、ダイコン、ニンジン
吸い地（一番だし、淡口醤油、塩、酒）
ユズ皮
＊卵の素：卵黄5個分、サラダ油400ml、塩5g。卵黄をかき混ぜ、少量ずつサラダ油を加えてマヨネーズ状にし、塩で味を調える。

●

①ホタテガイの真丈をつくる。ホタテは殻からはずし、貝柱をバーナーでさっとあぶって、すぐに氷水にとる。粗熱がとれたら、水気をふいて角切りにする。

②白身魚のすり身に卵の素を加え、①を合わせる。混ざったら手で丸め、中火にかけた蒸し器で7〜8分間蒸す。

③マツタケは四つ割りにし、姫カブは塩ゆでし、ダイコンとニンジンは薄切りにしてくさび形に切り、それぞれ温かい吸い地につけておく。

④椀に真丈、マツタケ、姫カブ、ダイコン、ニンジンを盛り、温めた吸い地を静かに張る。ユズの皮をあしらう。

# 焼物

# かます杉板焼

## しめじ茸　翡翠銀杏　栗蜜煮

かます

一般に杉板焼は、柚庵地につけたカマスを杉板にはさんで焼き上げるが、ここでは焼いた板の上に盛りつける手法を紹介する。杉の香りを楽しむことができ、はさむ手間と時間が省け、食べやすい。杉板は焼く前に必ず一度湿らせること。焼マツタケを添えると、より一層季節感が増す。［中嶋］

カマス
柚庵地（濃口醤油1、煮切りミリン1、酒1、柑橘類の果汁0・3、スダチの輪切り）
シメジタケ*、吸い地
ギンナン*、サラダ油、塩
クリ*、クチナシ、砂糖
*シメジタケ：小房に分け、吸い地で炊いたあと、焼いて焼き目をつける。
*ギンナン：殻から割り出し、薄皮をつけたままサラダ油で翡翠色に揚げて、薄塩をふる。
*クリ：クチナシの実を小口切りにしてガーゼに包み、水からクリとともに煮て色をつける。水にさらして苦味を取り、蜜煮にしたのち、焼き目をつける。

●

①カマスは三枚におろし、中骨を抜く。
②柚庵地の材料を合わせて、カマスを並べたバットに注ぎ、輪切りのスダチを浮かべて1時間おく。
③取り出して尾のほうに串を刺す。
④この状態で1時間風干しする。
⑤風干しを終えたカマス。
⑥これを4等分に切り分ける。
⑦杉板を湿らせてさっと焼き、香りを立てる。
⑧カマスは身側から焼きはじめ、返して皮側を焼く。皮目の香ばしさを強調するためにバーナーで焼き目をつける。
⑨香りが立った杉板にカマス、シメジタケ、ギンナン、クリを盛りつける。

杉板焼

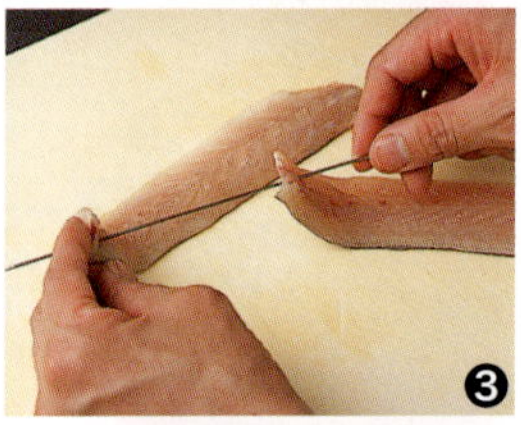

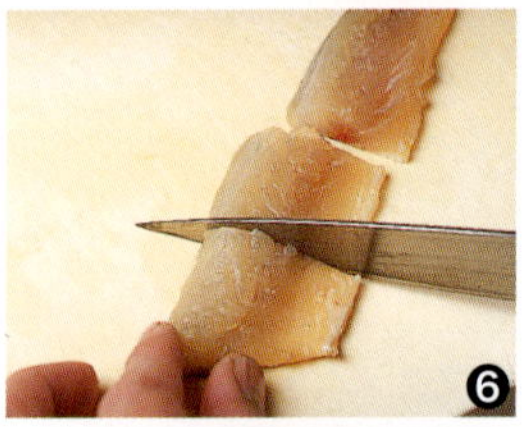

●焼物

# 鮭いくら親子焼

## 果物おろし

さけ

イクラの醤油漬は、そのままでは流れてしまうので温泉卵の黄身で濃度をつける。
濃厚な黄身和えとさっぱりした果物おろしを合わせるのがポイント。
サケのみを味わうもよし、イクラ黄身和え、果物おろしを合わせてもよし。
組合せを楽しむ一品。［奥田］

●

サケ、塩
イクラ黄身和え衣（イクラ、つけ地＊、温泉卵の黄身）
果物おろし（リンゴ、カキ、巨峰、ダイコンおろし、リンゴのすりおろし、スダチ果汁、淡口醤油、濃口醤油）
＊つけ地：ミリン1、酒1、濃口醤油1

①サケを三枚におろし、腹骨、小骨を除き、皮をひく。腹身を切り身にする。塩をして、30分間おく。
②串を打ち、炭火で焼く。まず皮がついていた側から少し強めの火であぶり、余分な脂を落とす。次に、少し火を弱めて身側を焼く。
③イクラ黄身和えをつくる。あらかじめイクラの醤油漬を準備する。イクラは40℃のぬるま湯の中でほぐす。
④周りの薄い膜やスジをていねいに取り除く。
⑤ほぐれたら、ザルに上げて水気をきり、つけ地に丸1日つける。つけ地は、ミリンと酒を合わせて煮切り、粗熱をとってから、濃口醤油と混ぜたもの。
⑥イクラの醤油漬。でき上がってから、1～2日が食べ頃。
⑦温泉卵をつくり、黄身を取り出して裏漉しする。
⑧イクラのつけ地で味を調える。
⑨イクラの醤油漬を合わせる。
⑩つぶさないようにさっくりと合わせて黄身和え衣とする。
⑪イクラ黄身和え衣。
⑫果物おろしをつくる。リンゴ、カキは直径1㎝ほど

串を打ったサケ

イクラ醤油漬

イクラ黄身和え衣

果物おろし

のくり抜きスプーンでくり抜く。巨峰はそのまま四つ切りにして、種を抜く。

⑬リンゴを皮ごとすりおろす。

⑭同量のダイコンおろしと合わせる。スダチ少量を搾り入れ、淡口醤油、濃口醤油各少量で味を調える。

⑮くり抜いた果物を加える。

⑯器に焼いたサケを盛る。手前に、2本の直線を描くように、イクラ黄身和えと果物おろしを添える。

●焼物

# 牡蠣香り揚炒め

長葱　芹

かき

カキをゴマ油とショウガで
香りよく揚げた中華風の一品。
揚げることで、
カキの形がくずれにくくなる。［中嶋］

カキ
酒、塩、コショウ
薄衣（片栗粉40g、卵L玉1個）、サラダ油
太白ゴマ油、ショウガ
長ネギ、セリ
ゴマ油、米酢

●

①カキは殻をはずし、片栗粉でやさしくもんでヒダの間の汚れを取る。
②水洗いする。水が透明になるまで数回水をかえる。
③カキから貝柱を取り除き、水気をよくふき取る。
④酒、塩、コショウを合わせたところにカキをつけて、10〜15分間おいて下味をつける。
⑤片栗粉と卵を混ぜ合わせてつくったなめらかな薄衣をつける。
⑥180℃に熱したサラダ油で揚げる。
⑦少し色がつくまで揚げる。
⑧食べやすい長さの短冊に切った長ネギと、下ゆでしたセリを混ぜ合わせておく。
⑨中華鍋に太白ゴマ油とみじん切りのショウガを入れて火にかけ、香りを立てる。
⑩長ネギとセリを入れて炒める。
⑪揚げたカキを入れて、強火であおって米酢を入れる。
⑫仕上げに少量のゴマ油を加えて香りをつける。器に盛って熱いうちに供する。

牡蠣香り揚げ炒め

●焼物

## 鱸の塩焼　雲丹サバイヨン

ふり柚子

すずき
うに

シンプルに塩焼したスズキに、サバイヨン仕立てにした濃厚なソースを合わせた。玉味噌や米油といった日本料理ならではの素材とフレンチの技法との融合が斬新。［奥田］

スズキ、塩
ウニ
雲丹サバイヨン（卵黄3個分、だし100ml、玉味噌＊15ml、米油少量、淡口醤油小さじ⅓、塩少量）
青ユズ
＊玉味噌…白味噌500g、卵黄1個分、卵3個、上白糖100g、酒165mlを合わせて、鍋に移し、弱火で濃度がつくまで練り上げ、裏漉しする。

●

①スズキは三枚におろし、皮目に細かく包丁を入れる。
②包丁目の深さは、5mmほど。
③幅2〜3cmに切り分け、大きいものは半分に切る。塩をあて、30分間ほどおく。
④、⑤、⑥片づま折りにし、串を打つ。1枚の切り身に2本串を打つ。
⑦炭火で皮目から焼いていく。皮目がこんがりと焼けたら、返して身を焼く。串からはずして、器に盛る。
⑧雲丹サバイヨンをつくる。卵黄を溶く。
⑨淡口醤油を加える。
⑩塩を少量加える。
⑪だし、玉味噌を加えてなめらかになるまで攪拌する。
⑫湯煎にかけながら、さらに泡立て器で攪拌する。
⑬少しずつ濃度がついてくる。
⑭雲丹サバイヨンの温度は、62〜65℃に保つ。もったりとしてきたら、米油を少量加えてつやとなめらかさを出す。
⑮生ウニを蒸し器に入れ、100℃で1分間蒸す。ウニの表面のみに火が入った半生の状態でよい。
⑯雲丹サバイヨンに加える。
⑰余熱でウニに火を通す。
⑱すりおろした青ユズの皮を加える。
⑲スズキの塩焼の上に盛る。青ユズの皮を散らす。

●焼物

# 鮎魚女のグリーンピース焼

野蒜素揚げ

あいなめ

上品で淡泊なアイナメに、
グリーンピースの衣をまとわせた香り高い焼物。
アイナメとグリーンピースはどちらも春が旬。
季節を感じさせる組合せだ。
グリーンピースは、
すり流しや豆ご飯に使うと
見慣れた感のある素材だが、
焼物の衣としてみると、
その翡翠色が新鮮に感じられる。［奥田］

●

アイナメ、塩
グリーンピースだれ8切れ分（グリーンピース裏漉し300g、ゆでたグリーンピース適量、酒60ml、だし100ml、濃口醤油30ml、卵黄2個分）
ノビル、揚げ油、塩

①アイナメは三枚におろし、小骨を抜く。抜ききれない骨があるので、骨切りし、小さめの切り身にする。薄塩をあて、20分間おく。

②グリーンピースだれをつくる。グリーンピースは薄皮をむき、塩ゆでする。一部を取りおき、残りをフードプロセッサーでピュレ状にし、裏漉しする。調味料をすべて加えて混ぜ合わせ、たれとする。

③アイナメを片づま折りにして串を打ち、皮目から焼く。皮目に焼き色がついたら、返して身も焼き、八割方火を通す。

④アイナメにグリーンピースだれを塗り、取りおいたグリーンピースをのせる。炭火で香ばしく焼く。これを3～4回くり返す。

⑤焼き上がったアイナメを器に盛り、素揚げしたノビルを添える。ノビルには、軽く塩をふる。

焼物

# 雲子とベーコンの穴子巻

打ち葱　一味

胡麻ポン酢

あなご　たら

フライパンで穴子巻を焼くときに、サラダ油を多めに入れて、フランス料理のアロゼの要領で油をかけながら焼くと、味がにげない。［上野］

アナゴ、片栗粉、すり身

タラの白子

ベーコン

薄力粉

胡麻ポン酢（練りゴマ、ポン酢適量、煮切りミリン少量）

青ネギ

一味唐辛子

①アナゴは腹から開く。霜降りをして、包丁の背でヌメリをこそげ取る。

②薄切りのベーコンをアナゴの身幅の長さに切る。

③アナゴはハケで皮目に片栗粉をまぶし、すり身を糊がわりに薄く塗って、ベーコンを縦に並べる。ベーコンの上にも片栗粉をまぶし、すり身を薄く塗る。

④さっと霜降りしたタラの白子（クモコ）を芯にして、③をくるりと巻く。アナゴの巻き終りを切り落として整える。細く裂いた竹の皮で両端を結わいて、竹串で止める。

⑤表面に薄力粉をはたいて、油をひいたフライパンで焼き上げる。

⑥適当な厚さに切り出し、盛りつける。胡麻ポン酢を流し、一味唐辛子をふる。繊に切った青ネギを水にさらしてあしらう。胡麻ポン酢は材料をすべて混ぜ合わせたもの。

焼く前の穴子巻。

●焼物

# 甘鯛アーモンド焼

栗渋皮煮　栗蜜煮

あまだい

アーモンドのペーストを加えた幽庵地にアマダイをつけ込んで焼いた。ナッツ特有の香ばしさが食欲をそそる。この地は、アマダイに限らず白身魚ならば何にでも合う。ブリやサワラなどを使ってもおいしい。［奥田］

●

アマダイ
アーモンドペースト50ml、幽庵地＊150ml、粒味噌適量、スライスアーモンド適量、ローストアーモンド適量
栗の渋皮煮＊（クリ、水、黒糖）
栗の蜜煮＊（クリ、クチナシの実、上白糖）
＊幽庵地：濃口醤油1・5、酒1、ミリン3、ユズ少量を合わせる。
＊栗の渋皮煮：クリの鬼皮をむき、渋皮をつけたまま弱火で20分間ほどゆで、スジを取り除く。鍋に水と黒糖を入れて煮溶かし、クリを10分間ほど煮る。黒糖は、水1リットルに対して、約150gが目安。
＊栗の蜜煮：クリの鬼皮と渋皮を一緒にむく。水とクチナシの実を入れた鍋にクリを入れ、弱火で20分間ほど下煮して色づけする。鍋に水と上白糖を入れて煮溶かし、クリを10分間ほど煮る。上白糖は、水1リットルに対して、約150gが目安。

●

①アマダイを三枚におろし、切り身にする。
②皮なしのローストアーモンドをフードプロセッサーにかけ、なめらかなペースト状にしてアーモンドペーストをつくる。幽庵地と粒味噌を加えてよく混ぜ、スライスアーモンドをざっくり合わせる。
③アマダイを②の地に30分間ほどつける。
④アマダイに串を打ち、炭火で焼く。八割方焼けたら、地を塗っては焼くことを3回くり返す。こげつきやすいので、炭の量は控えめにして温度を下げる。
⑤アマダイを器に盛り、砕いたローストアーモンドを散らす。金銀の折紙に渋皮煮と蜜煮を包み、添える。

アーモンドのつけ地。

●焼物

# 尼鯛、牛ロース、鮑の蕪みぞれ餡掛け

芽蕪

あまだい あわび

アマダイは塩焼、牛ロースはソテー、アワビは蒸す。それぞれの素材に合った加熱調理をほどこし、最後にみぞれ餡をかけてまとめた。［中嶋］

●

アマダイ、塩
アワビ、酒
牛ロース肉、塩、コショウ、オリーブ油、酒、濃口醤油
蕪みぞれ餡（聖護院カブ、だし、塩、淡口醤油、葛粉）
芽カブ

①アマダイを三枚におろし、上身にする。食べやすい大きさの切り身にし、薄塩をあてて2時間ほどおく。
②串を打って焼き上げる。
③アワビは塩みがきして殻をはずし、ワタを除く。バットに入れて酒をふり、30分間ほど蒸す。食べやすい大きさに切る。
④牛ロースに塩、コショウをし、オリーブ油でソテーする。酒を少量ふり、鍋に火を入れてアルコール分を飛ばす。濃口醤油少量を加えて香りをつける。
⑤蕪みぞれ餡をつくる。聖護院カブをすりおろす。鍋にだし、塩、淡口醤油を入れて火にかけ、聖護院カブをおろして加え、吸い地よりも濃いめの味に調える。水で溶いた葛粉を加えてとろみをつける。
⑥器にアマダイ、アワビ、牛ロースを盛り、ゆがいた芽カブを添える。蕪みぞれ餡をかけて供する。

●焼物

# 鮎の鯆真丈詰　黄身蓼焼

大葉百合根雲丹焼
酢どりみずの実

あゆ

アユの風干しに
腹ワタを混ぜ込んだ鯆真丈を詰めて焼き上げた。
鯆真丈に入れるアユの身は
しっかり焼かないと
生ぐさくなってしまう。［上野］

●

アユ、塩
鯆真丈（アユの身と腹ワタ3、真丈地＊1）
黄身蓼（卵黄、タデの青寄せ＊少量）
大葉百合根雲丹焼（大葉ユリ根、雲丹衣＊適量）
酢どりみずの実（ミズの実、甘酢）

＊真丈地：白身魚のすり身100g、ヤマイモすりおろし30g、卵白15ml、かつおだし少量をすり混ぜる。
＊タデの青寄せ：タデの葉に白ご飯少量、塩少量を加えて、すり鉢でよくすって裏漉しする。
＊雲丹衣：練り雲丹1、卵黄1、煮切り酒少量をすり混ぜたもの。

●

①アユは背開きにし、薄塩をして、尾の近くに串を通して風干しにする。ワタは薄塩をし、半日ほどおく。
②鯆真丈をつくる。真丈用のアユは身とワタに分ける。アユに串を打って焼く。ワタは①と同様に薄塩をして、半日ほどおく。
③塩をしたワタと、焼いたアユの身をフードプロセッサーにかける。
④③と真丈地を3対1の割で合わせて攪拌し、背開きしたアユの風干しに詰める。
⑤アユにハケで油（分量外）を塗り、オーブンで八分程度まで焼く。
⑥黄身蓼をつくる。色づけにタデの青寄せを卵黄に混ぜる。⑤のアユに塗って、完全に焼き上げる。
⑦大葉百合根雲丹焼は、ゆがいて形を整えたユリ根に雲丹衣を塗り、こがさないようあぶる。酢どりみずの実はミズの実を適当に切り、ゆがいて甘酢につける。
⑧器にアユを盛り、大葉百合根雲丹焼、酢どりみずの実を添える。

●焼物

# 鮟肝の加里鍬焼

田辺大根と共軸
白髪葱

あんこう

味つけの醤油だれを入れるときは、フライパンの底にぬらしたダスターをあてるなどして、一旦温度を下げるとこげにくい。［上野］

アン肝
薄力粉
醤油だれ（濃口醤油35ml、砂糖40g、カレー粉適量、ミリン55ml、酒55ml）
田辺ダイコン＊、八方だし
白髪ネギ
＊田辺ダイコン：摂津東成郡田辺地区（現大阪市東住吉区）原産の白首ダイコン。

●

①アン肝は表面のスジを取り除き、水の中で軽く押さえて血抜きをする。水気をきって適当な厚さに切り分ける。
②アン肝に薄力粉をまぶして油をひいたフライパンで半生に焼き上げる。フライパンの温度を下げて、醤油だれを流し入れ、アン肝にからめる。醤油だれは、酒とミリンを鍋に入れて火にかけ、アルコールを飛ばしたのち、濃口醤油と砂糖とカレー粉を溶かし入れ、再度沸いたら火を止めてつくる。
③田辺ダイコンを煮る。ダイコンを適当に切り、米のとぎ汁でゆがく。水にさらしたのち、八方だしで煮る。茎はゆがいて、ダイコンを炊いただしにつけておく。
④器に醤油だれを流し、田辺ダイコンを盛り、アン肝をのせる。天に白髪ネギを盛る。田辺ダイコンの茎を添える。

●焼物

# 針烏賊の三色焼

唐墨雲丹焼
柚餅子黄身焼
サラミ香草焼

いか

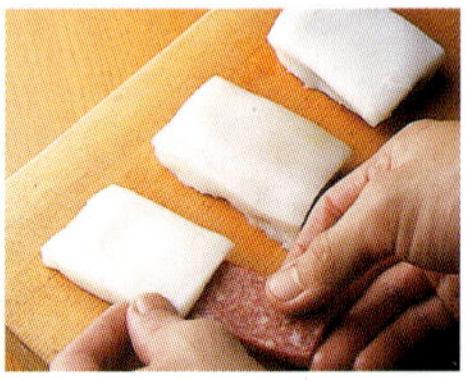

イカの身に包丁を入れて袋状にし、カラスミ、ユベシ、サラミを射込む。

焼物

## いさきの胡麻塩焼と焼野菜の浸し

酢どり茗荷　酸橘

いさき

焼物

## 鰯の肝ソテー　小蕪添へ

黒胡椒

いわし

●焼物

# 針烏賊の三色焼

ハリイカは背に甲をもつ小型のイカ。焼きすぎないよう注意する。ハリイカに射込むカラスミ、ユベシ、サラミはそれぞれ塩分が強いので、イカの大きさを考えて厚みを調節する。［上野］

ハリイカ＊
カラスミ、練り雲丹1、卵黄1
ユベシ、卵黄
サラミ、卵黄1、マヨネーズ1、ディルの葉適量
＊ハリイカ：コウイカのこと。

●

①ハリイカをさばき、上身にする。厚い身の部分を適当な大きさに切り分け、袋状に切り目を入れる。
②カラスミ、ユベシ、サラミをイカの切り身より一まわり小さく切り、5㎜程度の厚さに切る。
③それぞれをハリイカに射込む。両端に串を打って押さえて焼く。
④カラスミを射込んだイカの上面には練り雲丹と卵黄を混ぜ合わせたものを、ユベシを射込んだイカの上面には卵黄を、サラミを射込んだイカの上面には卵黄にマヨネーズと刻んだディルを混ぜたものを塗って、乾かす程度にさっとあぶる。
⑤小口から切り出して盛りつける。

●焼物

# いさきの胡麻塩焼と焼野菜の浸し

25㎝ほどの小ぶりなイサキを使う。半身をそのまま串打ちし、炭火でじっくり焼き上げる。皮目に細かく包丁を入れてから焼くため、皮と身の間にある脂が溶け出して、身に旨みがまわる。野菜も、同じく炭火で焼く。こげめがつくくらい焼いてからお浸しにし、香ばしい風味を添える。［奥田］

イサキ、塩、白ゴマ
ミニアスパラガス、赤ピーマン、黄ピーマン、ズッキーニ、カボチャ、エリンギダケ、オクラ、ヤングコーン
つけ地（だし、淡口醤油、塩）
酢どり茗荷（ミョウガ30個、米酢２１０ml、水６５０ml、砂糖80g、塩一つまみ）
おろしワサビ、スダチ果汁、濃口醤油
スダチ

●

①イサキは三枚におろし、皮目に細かく包丁を入れる。深さは5㎜ほど。塩をあてて30分間ほどおく。
②両づま折りにし、尾から肩口に向かって串を打つ。炭火で焼いて、九割ほど火が通ったら、脂のにじみ出た皮目に煎った白ゴマをふり、二度焼する。
③野菜を炭火焼にする。ミニアスパラガスは、半分に斜め切りする。赤ピーマン、黄ピーマン、ズッキーニ、カボチャは一口大に切っておく。ミニアスパラガス、エリンギダケ、オクラ、ヤングコーンは串を打ち、そのほかは網にのせて炭火で焼く。冷たいつけ地に30分間以上つける。
④野菜類をつけ地から上げ、おろしワサビ、スダチの果汁、濃口醤油を合わせたものでさっと和える。
⑤器にイサキを盛り、焼野菜の浸しを盛りつける。酢どり茗荷とくし形切りにしたスダチを添える。酢どり茗荷は、ミョウガを縦半分に切り、さっとゆがき、ザルに上げて冷ます。酢、水、砂糖、塩を合わせて一旦沸かし、冷ましたものにミョウガを1時間以上つけ込んでつくる。

●焼物

# 鰯の肝ソテー　小蕪添へ

肝を叩いてつくった
ほろ苦いソースをからめたイワシのソテー。
肝の風味をなくさないように注意する。
苦味が旨さに変化する一品。
ソースにバターや生クリームを加えると
一味違う料理に仕上がる。［中嶋］

イワシ
ソース（イワシ内臓2尾分、濃口醤油大さじ½、ミリン大さじ½、
酒大さじ½、砂糖小さじ¼）
薄力粉、オリーブ油
小カブ
黒コショウ

●

①イワシは三枚におろし、腹骨をそぎ取り、形を整える。
②ソースをつくる。内臓を粗く叩いて、濃口醤油、ミリン、酒、砂糖を加えて混ぜる。
③イワシの上身に薄力粉をまぶす。フライパンにオリーブ油を熱して、イワシをソテーする。
④イワシに火が通ったら、合わせておいたソースを入れてからませたのち取り出す。
⑤残ったソースを煮詰め、好みで濃口醤油をさらに加えて味を調える。
⑥器にイワシを盛り、⑤のソースをまわしかける。下ゆでしてソテーした小カブを添える。黒コショウをふる。黒コショウのかわりに七味唐辛子でもよい。

●焼物

## 芝海老利休炒め

椎茸　南瓜
黒胡椒

えび

●焼物

## 団扇海老のパンチェッタ巻炭火焼

河内一寸空豆ピュレ
白アスパラの海胆焼　飛鳥の蘇

えび

ウチワエビ。平らな体が団扇に似ている。身は少ないが、旨みが強い。ここでは島根産を使用。大阪では夏に出まわる。

焼物

## 牡蠣と帆立貝の柚子釜焼

絹さや　銀杏　百合根

かき
ほたて貝

焼物

## たらば蟹三色焼

かに

●焼物

# 芝海老利休炒め

殻つきのシバエビを
かりっと強火で炒めた食感がポイント。
香ばしいゴマの香りが
この食感にぴったりと合う中華風の炒め物。
カボチャをシロウリにかえてもよく合う。
［中嶋］

シバエビ
シイタケ
カボチャ、揚げ油
太白ゴマ油
濃口醤油・ゴマ油　各少量
黒コショウ

●

①シバエビは殻つきのまま、背に包丁を入れてワタを抜く。頭と尾を取り除く。シイタケは厚みのあるものを選び、さいのめに切る。カボチャもシイタケ同様、1㎝角のさいのめに切り、170℃の油で揚げておく。

②中華鍋に太白ゴマ油を多めに入れて熱し、シバエビを入れて強火であおる。

③八割程度まで火が通ったら、シイタケと揚げたカボチャを加え、もう一あおりする。

④仕上げに少量の濃口醤油とゴマ油を加えて味を調え、黒コショウを挽きかける。

●焼物

# 団扇海老の パンチェッタ巻炭火焼

パンチェッタの塩味がアクセント。
パンチェッタの塩分と
ウチワエビの大きさを考えて、
塩加減をすること。［上野］

ウチワエビ　2尾
パンチェッタ　2枚
白アスパラガス
ウニ
黄身ネーズ（卵黄1、マヨネーズ1）
飛鳥の蘇（市販）
空豆ピュレ（ソラマメ裏漉し50g、マヨネーズ10g、白味噌5g、塩・コショウ各少量）

●

①ウチワエビをさばいて身を取り出す。

②パンチェッタを薄切りにする。巻きはじめ側を少し薄く切ると巻きやすい。

③パンチェッタ2枚を広げウチワエビ2尾を巻く。扇串を打って炭火で焼く。

④白アスパラガスは塩をふって炭火で焼く。食べやすく切り、少量の黄身ネーズを塗って糊がわりにしてウニをのせる。上からさらに黄身ネーズをかけて焼く。黄身ネーズは卵黄とマヨネーズを混ぜ合わせたもの。

⑤空豆のピュレをつくる。塩ゆでしたソラマメを裏漉しし、マヨネーズ、白味噌をすり混ぜ、塩、コショウで味を調える。

⑥器に、食べやすい大きさに切った団扇海老のパンチェッタ巻を盛り、白アスパラガスの海胆焼を盛り合わせる。蘇と空豆ピュレを添える。

●焼物

# 牡蠣と帆立貝の柚子釜焼

クリーミーなソースと
相性のよいカキとホタテに、
卵の素と西京味噌でつくった
濃厚なたれをかけ、柚子釜に入れて焼く。
日本料理でありながら、
グラタンのようで食べごたえがある。〔奥田〕

カキ
ホタテガイ
キヌサヤエンドウ、ギンナン、ユリ根、塩
西京味噌1、卵の素（卵黄1個、サラダ油80g、塩1g）4
ユズ

●

①鍋に湯を沸かし、カキを霜降りにして冷水にとる。水気をふき取って、半分に切る。
②ホタテガイの貝柱はバーナーで表面をあぶり、すぐに冷水にとる。水気をふき取って、半分に切る。
③キヌサヤエンドウはヘタを取り除く。ギンナンは殻から取り出す。ユリ根は鱗片にばらす。それぞれ、さっと塩ゆでする。
④西京味噌と卵の素を合わせる。カキ、ホタテガイ、キヌサヤ、ギンナン、ユリ根を和える。卵の素は酢が入らないマヨネーズのようなもの。卵黄を泡立て器ですり混ぜ、サラダ油を少量ずつ加えながらさらに攪拌し、塩で薄味をつける。
⑤ユズはヘタから1㎝ほどのところで切り、果肉をくり抜いて柚子釜とする。
⑥柚子釜に④を詰める。180℃に熱したオーブンで10分間焼く。焼きたてを器に盛る。

●焼物

# たらば蟹三色焼

肉厚なタラバガニの脚に、
カラスミ、カニミソ、コノワタをのせて
炭火で焼く。
タラバガニは、ゆでずに焼くことで
旨みが凝縮される。
単調になりがちなタラバガニだが、
珍味を塗ることで、味に深みが出る。〔奥田〕

タラバガニ
カラスミ、卵白
ズワイガニのカニミソ
コノワタ、卵黄

●

①タラバガニの脚の内側の殻をそぐ。殻がついている方を下にして、炭火で網焼きして八割方火を通す。カニの身の表面が白くなったら、一度火からおろす。
②下焼きしたタラバガニの身に、珍味を塗る。カラスミをあられ切りにし、溶きほぐした卵白を糊がわりにカニに塗り、カラスミを散らす。カニミソは蒸してから漉し、そのまま塗る。コノワタはすり鉢ですり、卵黄でのばして塗る。
③それぞれ炭火で乾かすように焼き上げる。珍味を塗った面を下に向けると落ちてしまうので、炭をトングではさんで上から火を入れたり、アルミホイルでおおって、全体に熱がまわるようにする。
④カニミソ、コノワタを塗ったタラバガニは、それぞれ塗っては乾かすことを、3回くり返す。
⑤珍味を塗った表面が乾いたら焼き上がり。器に盛って供する。

●焼物

## かます松茸包み焼

春菊、椎茸、菊花の浸し
揚げ蓮根　揚げ銀杏

かます

カマスの奥と手前にも炭をのせて、横からも火を入れる。

●焼物

## 桜鱒の菜の花マスタード焼

花びら百合根
三島独活に梅鰹

桜ます

●焼物

# 鮭千草焼

さけ

八割火を通して具をたっぷりのせる。

●焼物

# かます松茸包み焼

マツタケは直に焼くと、水分が飛び、
旨みも逃げてしまうが、
カマスで巻いて蒸焼にするので、
ふっくらと熱が入り
香りや旨みがカマスにしみ込む。
炭火は中心からじわじわと火が通るため、
カマスが焼ける頃には
マツタケもちょうどよく蒸されている。
［奥田］

カマス、塩
マツタケ
シュンギク、つけ地（だし、塩、淡口醤油）、白ゴマ
シイタケ、つけ地（だし、塩、淡口醤油）
キク花、酢つけ地（だし、塩、淡口醤油）
レンコン、ギンナン、揚げ油

●

①カマスを三枚におろす。皮目に包丁を入れて塩をあてる。30分〜1時間おく。

②マツタケを食べやすいように縦半分に裂き、元の形に合わせておく。

③カマス半身で、マツタケ½本分を巻く。尾のほうから巻きつけ、最後は端を丸め込んで串を打つ。

④マツタケを巻いたカマスを炭火で焼く。表面がこんがりと焼け、水分が飛んで少し軽く感じられるようになり、串がすんなりまわったら焼き上がり。

⑤お浸しをつくる。シュンギクを塩ゆでにし、水にとり、水気を搾る。塩、淡口醤油で少し醤油がちに味を調えたつけ地につける。シイタケを薄切りにして、同じつけ地で炊く。キク花は色止めのために酢少量を加えた湯でゆでて水にさらす。水気を搾り、同じつけ地につける。

⑥レンコンをやや薄く切り、水にさらしてアクを抜く。170℃に熱した揚げ油でかりかりに揚げる。

⑦器に柿の葉を敷き、焼き上がったかます松茸包みを盛り、シュンギクとシイタケとキク花を合わせたお浸し、揚げレンコン、揚げギンナンを添える。お浸しには、煎った白ゴマをふる。

●焼物

# 桜鱒の菜の花マスタード焼

春らしく、サクラマスの上に
刻んだ菜の花を混ぜたマヨネーズをのせて
焼き上げた。
サクラマスには、
ヤマメのように海に下がらない陸封型と、
成長すると海に下り、
産卵時に再び川を遡ってくる
降海型とがある。
ここでは降海型の
大型のサクラマスを使った。［上野］

サクラマス
幽庵地（煮切り酒3、ミリン1、濃口醤油0・5）
菜ノ花
粒辛子ネーズ（卵黄1、マヨネーズ1、粒マスタード好みで適量）
花びら百合根（ユリ根、梅酢）
ウド
梅鰹（かつお節・梅干し各適量）

●

①サクラマスは三枚におろして切り身にし、幽庵地に1日半〜2日間つける。幽庵地は材料の調味料を合わせてつくったつけ地。

②菜ノ花は熱湯でゆがき、水にとる。ある程度食感を残してゆがいたほうが香りがよい。水気を搾って細かく切り、粒辛子ネーズで和える。粒辛子ネーズは、卵黄とマヨネーズ、粒マスタードを混ぜ合わせてつくる。

③サクラマスは水気をふいてフライパンでソテーする。

④皮目に②を塗って上火であぶる。

⑤ユリ根はばらしてゆで、梅酢で色をつけて花びら百合根とする。ウドは根元のかたい皮をむく。かつお節と梅干しの果肉を混ぜ合わせて梅鰹をつくる。

⑥サクラマスを盛り、ウドと梅鰹を添える。花びら百合根を散らす。

●焼物

# 鮭千草焼

定番の素材であるサケだが、野菜たっぷりの具をのせて焼くことで、目先がかわる。
魚はサワラやタイを使ってもよい。
魚の下焼さえしておけば、一度に大人数のお客にも対応できる。［奥田］

サケ、塩
シメジタケ、ニンジン、ピーマン、長ネギ、ベーコン
サラダ油、塩
卵の素45〜60 ml、西京味噌30 ml

●

①サケを三枚におろし、小骨を抜き、皮をひく。
②切り身にして、薄めに塩をし、15分間おく。
③うねり串を打って、炭火で焼く。ここで八割方、火を通す。
④シメジタケ、ニンジン、ピーマン、長ネギ、ベーコンを細切りにする。
⑤鍋にサラダ油を温めて、細切りにした野菜類とベーコンをさっと炒める。軽く塩をしたのち、バットに広げて冷ましておく。
⑥卵の素と西京味噌を混ぜ合わせる。そこに炒めた野菜類とベーコンを加える。卵の素は、卵黄1個をよくすり混ぜ、サラダ油80 mlを少量ずつたらしながら攪拌し、塩1gを加えて味を調える。
⑦炭火で焼いたサケに⑥をたっぷりとのせ、200℃に熱したオーブンで8分間焼く。器に盛りつける。

●焼物

## 栄螺ソテー

じゃが芋のソテー
クレソン

さざえ

●焼物

## 鰆蕗味噌焼

独活きんぴら

さわら

●焼物

## 鰆難波焼

花豆蜜煮　菊花蕪

さわら

●焼物

# 栄螺ソテー

つぼ焼にすると火が入りやすいので、
サザエの身がかたくなりがち。
そこで一旦殻からはずして、
ほどよく洋風にソテーし、
ジャガイモとともに殻に戻して盛りつけた。
店では焜炉に殻をのせてあぶった状態で
提供している。［中嶋］

サザエ
ショウガ
ニンニク
エシャロット
バター
淡口醤油　少量
ジャガイモのソテー（ジャガイモ、塩、バターまたはオリーブ油）
クレソン

●

①サザエは蓋を下に向けて静かな状態にしてしばらくおく。蓋がゆるんだら貝むき器を差し込んで、殻から身を引き出す。身は食べやすい大きさに切りそろえ、肝はさっと湯引きする。
②ショウガ、ニンニク、エシャロットはみじん切りにして、サザエ、肝とともにバターで軽くソテーする。
③ソテーしたフライパンに残った汁を火にかけ、少量の淡口醤油で風味をつける。
④ジャガイモのソテーをつくる。ジャガイモは水からゆでて角切りにし、バターでソテーし、塩で味を調える。提供時の温度、濃度、好みでバターをオリーブ油にかえることもある。
⑤殻をきれいに洗って乾かし、ジャガイモのソテーを一番下に詰める。サザエの身と③のサザエの汁をからめた肝を、ジャガイモの上に重ね盛りにする。
⑥卵白で練った塩を土台にして、サザエを盛りつける。ジャガイモのソテーとクレソンを添える。

●焼物

# 鰆蕗味噌焼

春に旬を迎えるサワラに、
フキノトウでつくった
蕗味噌をのせて焼いた。
蕗味噌は香りが抜けやすいので、
少量ずつ仕込むこと。［中嶋］

サワラ、塩
蕗味噌（フキノトウ３００ｇ、太白ゴマ油30ml、麹味噌１００〜１５０ｇ、ミリン・酒各適量）
独活きんぴら（ウド、ゴマ油、濃口醤油、ミリン、酒）

●

①サワラは三枚におろし、薄塩をあててしばらくおく。適当な大きさの切り身にして串を打って焼き、八割程度まで火を入れる。
②蕗味噌をつくる。フキノトウを粗みじん切りにし、太白ゴマ油で色づくまで、中火で炒める。麹味噌を加えてよく練り、ミリン、酒を加えて味を調える。アルコール分が飛ぶまで充分練り炒める。
③サワラに蕗味噌を塗って、香ばしくあぶる。
④器に笹を敷いてサワラを盛り、独活きんぴらを添える。独活きんぴらはウドの皮を細切りにして、ゴマ油で炒め、濃口醤油、ミリン、酒で濃いめに味を調えたもの。

●焼物

# 鰆難波焼

柚庵地につけたサワラの上にネギとショウガをたっぷりのせて仕上げた焼物。

ワケギ、深谷ネギにショウガを加えると、香りと清涼感が加わる。

難波は、ネギを使った料理につける名称。

［中嶋］

サワラ、塩
ワケギ、深谷ネギ、ショウガ
柚庵地（濃口醤油1、煮切りミリン1、酒1、柑橘類の果汁0・3、スダチの輪切り）
花豆蜜煮
菊花カブ

●

①サワラを三枚におろし、上身にする。これを適当な大きさの切り身にし、薄塩をあてて2時間おく。

②ワケギ、深谷ネギ、ショウガをみじん切りにする。サワラ、ワケギ、深谷ネギ、ショウガをそれぞれ別に柚庵地につける。サワラは1時間程度、ネギ類、ショウガは20分間程度がつけ時間の目安。

③サワラに串を打って焼き、完全に火を通す。

④柚庵地から取り出して、汁気をきったネギとショウガを混ぜてたっぷりとサワラの上にのせ、軽く香ばしくなるまであぶる。

⑤器に盛り、花豆蜜煮と菊花カブをあしらう。花豆蜜煮は、一晩水につけたハナマメを水から火にかけて1時間半ほど水煮をし、おか上げしてシロップで30分間炊いてそのまま冷まして味を含ませたもの。菊花カブは、カブに切り離さない程度の深い格子の切り目を入れる。これを塩水につけて、しんなりしたら、赤唐辛子を入れた甘酢につけたもの。

●焼物

## 鰆オレンジ焼

オレンジのコンフィチュール
岩梨

さわら

●焼物

## 秋刀魚の串焼

アスパラガス　椎茸　エリンギ　長葱　獅子唐

さんま

●焼物

## 真鯛塩焼　刻み蕗の薹の唐揚

たい

●焼物

## 鯛桜海老焼

蕗の薹素揚げ
芥子酢味噌

たい

●焼物

## 鰆オレンジ焼

幽庵地のユズのかわりに、
同じ柑橘類であるオレンジの果汁を加えた。
ほんの一工夫だが、
このさわやかさは非常に新鮮。
伝統的な手法を換骨奪胎した一品。［奥田］

サワラ
つけ地（濃口醤油1・5、酒1、ミリン3、オレンジ果汁少量、オレンジの皮のすりおろし少量）
オレンジのコンフィチュール（オレンジの皮6個分、上白糖300g、グラニュー糖300g）
岩ナシ

●

①サワラを三枚におろして、切り身にする。
②酒とミリンを合わせて煮切り、冷まして濃口醤油と合わせる。そこに、オレンジの果汁とすりおろした皮を加える。ここにサワラを30分間つけ込む。
③オレンジのコンフィチュールをつくる。オレンジの皮をみじん切りにする。大きさをそろえて、できるだけ細かく刻む。
④みじん切りにしたオレンジの皮を鍋に入れ、上白糖、グラニュー糖を加えてまぶす。弱火にかけてことこと、水分がなくなるまで煮詰める。
⑤つけ込んだサワラに串を打つ。地をかけながら、炭火で焼く。
⑥器に盛り、オレンジのコンフィチュールを添える。岩ナシを散らす。

●焼物

## 秋刀魚の串焼

旬のサンマは皮目に深く包丁を入れると、
焼くうちに
たっぷりのった脂が溶け出してくる。
身からは余分な脂が抜けるうえ、
サンマ自体の脂で
皮目がぱりっと香ばしく焼ける。［奥田］

サンマ、塩、白ゴマ、幽庵地（濃口醤油1・5、酒1、ミリン3、ユズ果汁少量）
アスパラガス、シイタケ、エリンギダケ、長ネギ、シシトウ

●

①サンマを三枚におろし、小骨を抜く。皮目に深さ5㎜の切り目を2㎜間隔で入れる。半量を幽庵地に10分間つける。幽庵地は酒とミリンを合わせて煮切り、濃口醤油、ユズ果汁と合わせたもの。もう半量には塩をあて、15分間ほどおく。
②アスパラガスはハカマを落とし、サンマの幅に合わせて切りそろえる。長ネギも同様に切りそろえる。シイタケは軸を落とし、表面に格子状に包丁を入れる。
③サンマは尾の先を落とし、尾から肩口に向かってくるくると丸めて串に刺す。間にアスパラガス、シイタケ、エリンギダケ、長ネギ、シシトウを適宜はさみ込む。
④炭火で焼く。塩をしたサンマは、中に火が通ったら表面ににじみ出てきた脂に白ゴマをふって貼りつける。さらに炭火にあて、白ゴマの香りがたつよう、あぶる。野菜には塩をふる。
⑤幽庵地につけたサンマも炭火で焼く。中まで火が通ったら、幽庵地を塗っては乾かすように炭火にあてることを3回くり返す。野菜にも幽庵地を塗る。
⑥④、⑤の串が焼けたら、器に盛る。

●焼物

# 真鯛塩焼　刻み蕗の薹の唐揚

1年のうち一番脂がのっている春のマダイを、シンプルな塩焼に。味のアクセントとして刻んだフキノトウの素揚を添える。フキノトウの苦味が、タイの旨みを引き立てる。［奥田］

タイ、塩、白ゴマ
フキノトウ
揚げ油、塩

●

①タイを三枚におろす。皮目に細かく深さ5㎜ほどの包丁目を入れる。切り身にして、薄塩をあて、20分間ほどおく。

②タイを片づま折りにし、串を打つ。炭火で皮目から焼く。こんがりと焼き色がついたら、返して身も焼く。身に火が通ったら、両面に白ゴマをふり、白ゴマが香ばしくなるまで両面をそれぞれあぶる。

③フキノトウをいくつか残して細かく刻み、180℃に熱した油で1分間ほど素揚げする。刻んでいないものも素揚げする。それぞれ油をきって、薄く塩をする。

④器にタイの塩焼を盛り、揚げたフキノトウをたっぷりと添える。

●焼物

# 鯛桜海老焼

繊細で上品な旨みをもつタイに、生のサクラエビのペーストを塗って炭火で焼く。直火であぶったサクラエビが香ばしい。タイの旬は年に二回。そのうち、春のタイをサクラダイと呼ぶ。同じく春にしかとれないサクラエビを合わせた季節感あふれる料理。色あざやかなサクラエビの衣が春らしさを演出する。［奥田］

タイ、塩
サクラエビの衣（生のサクラエビ、卵黄少量、濃口醤油）
フキノトウ、揚げ油
芥子酢味噌（玉味噌＊2、酢1、粉カラシ適量）
＊玉味噌：白味噌500g、卵3個、上白糖100g、酒165ml、卵黄1個分を合わせ、弱火で濃度がつくまで練り上げ、裏漉しする。

●

①タイを三枚におろし、皮目に細かく包丁を入れる。包丁を入れる方向は身に対して斜め45度。3～4㎝幅の切り身にして薄塩をあて、20分間おく。

②サクラエビの衣をつくる。生のサクラエビのヒゲを取り除き、フードプロセッサーにかけてペースト状にする。裏漉し器で漉してなめらかにする。卵黄少量を加え、濃口醤油で味を調える。

③薄塩をあてたタイに串を打ち、炭火で両面を焼く。中まで火が通ったら、全体にサクラエビの衣を塗り、乾かすように炭火にあてる。サクラエビの衣を塗っては、炭火にあてることを3回くり返す。

④フキノトウを素揚げにする。

⑤芥子酢味噌をつくる。玉味噌にぬるま湯で溶いた粉カラシを加え、酢でのばす。

⑥器に焼き上がったタイを盛り、揚げたフキノトウを添える。フキノトウに芥子酢味噌をかける。

●焼物

## 鯛ソテー 醤油とバルサミコ酢の合せソース

小蕪

たい

●焼物

## 平貝と海老のあおさクリーム

煮抜き玉子

たいら貝 えび

●焼物

## 蛸の子ワイン幽庵の黄身すり身ステーキ
## 赤ピーマンの味噌クリーム

ズッキーニ
セルフィユ

たこ

●焼物

## 活蛸の油焼

雲丹
山葵

たこ
うに

●焼物

# 鯛ソテー 醤油とバルサミコ酢の合せソース

タイのソテーに醤油と
バルサミコ酢を合わせて、
とろみがつくまで煮詰めたソースをかける。
このソースは日持ちするので
常備しておくと便利。
ハチミツや砂糖蜜と合わせても
用途が広がる。［中嶋］

タイ、塩、コショウ、薄力粉、オリーブ油
小カブ、バター
ソース（濃口醤油2、バルサミコ酢1）

●

①タイは三枚におろして上身にする。食べやすい大きさの切り身にし、塩、コショウをふる。薄力粉をハケで薄くまぶす。

②たっぷりのオリーブ油をフライパンに入れ、皮目から中火で焼き色が香ばしくつくまで焼く。途中でキッチンペーパーなどでフライパンに出た余分な油をふき取る。

③小カブは茎を少し残してくし形に切り、バターを少量加えた湯でゆでる。火が通ったらフライパンで焼き目をつける。

④ソースをつくる。濃口醤油とバルサミコ酢を2対1の割で合わせて、とろみがつくまで、弱火で煮詰める。

⑤タイのソテーを盛り、小カブを盛り合わせる。ソースをかけて供する。

●焼物

# 平貝と海老のあおさクリーム

あおさクリームに加えるアオサ海苔は、
オーブンで乾かして用いる。
完全に乾かさないと
クリームが生ぐさくなってしまう。［上野］

タイラガイ、塩
サイマキエビ
サラダ油
あおさクリーム（ベシャメルソース＊１００ｇ、だし９００ml、生クリーム・白醤油各適量、アオサ海苔適量）
ゆで玉子
＊ベシャメルソース：薄力粉２５０ｇをバター225gでさらさらになるよう炒め、牛乳2リットルを少しずつ加えて煮る。塩、白コショウ各適量、ローリエ1枚を入れてネル布に包み、1時間蒸して漉す。

●

①タイラガイは殻をはずし、掃除する。貝柱に塩をあてる。

②サイマキエビは頭を落とし、殻をむく。背開きにして頭のほうに切り目を入れ、尾を通す。

③サラダ油をひき、タイラガイとエビを強火でソテーする。

④あおさクリームをつくる。ベシャメルソースをだしでのばして火にかける。生クリームと白醤油で味を調え、最後にアオサ海苔を加える。

⑤器に食べやすく切ったタイラガイ、エビを盛り、あおさクリームをかける。ゆで玉子の黄身を裏漉しして、添える。

●焼物

# 蛸の子ワイン幽庵の 黄身すり身ステーキ 赤ピーマンの味噌クリーム

タコの子を白ワインベースの幽庵地につけたのち、黄身すり身をつけて焼き上げたもの。子がもっと大きければ幽庵漬の時間を長くとる。焼き上げる火加減が強すぎるとぱさついてしまうので注意。［上野］

タコの子
ワイン幽庵地（煮切り白ワイン30ml、白醤油10ml、ミリン5ml）
黄身すり身（白身魚すり身100g、卵黄10個分）
薄力粉、サラダ油
赤ピーマンの味噌クリーム（赤ピーマンのピュレ＊50g、ベシャメルソース＊150g、白味噌30g）
ズッキーニ
セルフィユ

＊赤ピーマンのピュレ：赤ピーマンを真っ黒になるまで焼いて皮をむく。種を除き、フードプロセッサーにかけたもの。
＊ベシャメルソース：薄力粉250gをバター225gでさらさらになるよう炒め、牛乳2リットルを少しずつ加えて煮る。塩、白コショウ各適量、ローリエ1枚を入れてネル布に包み、1時間蒸して漉す。

●

①タコの子はワイン幽庵地に3時間ほどつける。取り出して軽く水気をふき、薄力粉をまぶして、黄身すり身にくぐらせる。黄身すり身はすり身と卵黄をすり混ぜてつくる。
②サラダ油をひいたフライパンでほどよく焼いてステーキとする。四つに切る。
③赤ピーマンの味噌クリームはすべての材料をよくすり混ぜてつくる。
④ズッキーニは輪切りにしてソテーする。
⑤熱しておいた鋳鉄の器に赤ピーマンの味噌クリームを流し、ステーキを盛る。ズッキーニのソテーを盛り合わせて火にかける。セルフィユを飾る。熱々のところを供する。

●焼物

# 活蛸の油焼

生ダコはゆでるのではなく、熱い油をかけて表面のみに火を入れた。タコは、塩でもむと皮が傷つきやすくなるので、米糠で洗うとよい。［中嶋］

タコ
サラダ油
ウニ
おろしワサビ

●

①タコは米糠でもんでヌメリを取り、米糠を洗い流す。適宜に切って、金串に刺し、200℃に熱したサラダ油を何度かかけまわして表面のみに火を入れ、氷水に落として冷ます。
②水気をふき取って、一口大に切る。器に盛りつけ、ウニを添える。山葵醤油や山椒塩ですすめる。

●焼物

## 飯蛸とヤーゴンボの アンチョビーソテー

煎り胡麻　胡葱

たこ

●焼物

## 太刀魚と渡り蟹のミルフィーユ 松の実化粧

栗の味噌ピュレ
姫人参ピクルス　セルフィユ

たちうお
かに

細長く切ったタチウオを写真のように編んで上にのせると、焼き目に凹凸の表情が出る。

●焼物

# 蛤の五種焼

キャビア　海鼠子　木の芽味噌　海胆　乾酪

はまぐり

●焼物

## 飯蛸とヤーゴンボのアンチョビーソテー

八尾ゴボウは大阪の八尾市特産のゴボウで、根は短く、おもに茎と葉を食べる。とくにエグミなどはないので、下ゆでなどせず、そのまま使える。［上野］

イイダコ
八尾ゴボウ
サラダ油、塩、アンチョビソース（市販）
煎りゴマ
小ネギ

●

①イイダコはダイコンおろしでもみ洗いして流す。クチバシと墨袋を取り除いて脚と胴を切りはずす。熱湯にさっとくぐらせてすぐに水にとり、吸盤をよく洗う。
②八尾ゴボウの茎と根をよく洗い、4～5㎝長さに切る。
③フライパンにサラダ油をひいて火にかけ、ゴボウの根を炒める。次にイイダコとゴボウの茎を入れて炒め合わせる。塩で味を調え、仕上げにアンチョビソースを適量加える。
④器に盛り、煎りゴマと小ネギの小口切りを散らす。

●焼物

## 太刀魚と渡り蟹のミルフィーユ　松の実化粧

タチウオとワタリガニの身を混ぜ込んだ真丈地を重ねるときは、仕上がりが粉っぽくならないように葛粉を薄くまぶすこと。［上野］

タチウオ、塩
渡り蟹真丈（ワタリガニの身5、白身魚のすり身1）
黄身ネーズ（卵黄1、マヨネーズ1）
松ノ実
栗の味噌ピュレ（クリ裏漉し10、白味噌2、砂糖・生クリーム・卵黄各少量）
姫人参ピクルス（姫ニンジン、玉ネギ、塩、酢、砂糖、赤唐辛子）
セルフィユ

●

①タチウオは、三枚におろして薄塩をあてる。
②一番上にのせるタチウオは、写真（140頁右下）のように、細長く切り、編んでおく。下に重ねるタチウオをこの大きさに合わせて切り分ける（二枚用意）。
③渡り蟹真丈をつくる。ワタリガニを蒸して、身をほぐしておく。白身魚のすり身を合わせる。
④タチウオは皮目を上に向ける。渡り蟹真丈を平らにのばす。その上にタチウオ、真丈と重ね、一番上に編んだタチウオをのせる。それぞれのあいだに葛粉を打って貼りつける。
⑤200℃のオーブンに入れて蒸焼にする。
⑥完全に火が通ったら取り出し、上から、卵黄とマヨネーズを混ぜ合わせてつくった黄身ネーズをかけ、刻んだ松ノ実を散らし、上面に焼き目をつける。
⑦適当な大きさに切り分けて盛る。栗の味噌ピュレ、姫人参ピクルスを添え、セルフィユをあしらう。栗の味噌ピュレは、蒸したクリをむいて裏漉しし、白味噌を加え、砂糖、生クリームを混ぜて、少量の卵黄を加えてかたさを調節し、火にかけて練ったもの。姫人参のピクルスは、酢、塩、砂糖、赤唐辛子を沸かし、姫ニンジンと薄切りの玉ネギをつけたもの。

●焼物

# 蛤の五種焼

ハマグリを焼くとき、
殻が開いたら、
ハマグリの汁が流れないように注意する。
汁に旨みがたっぷり含まれている。［上野］

ハマグリ
キャヴィア
新コノコ
木の芽味噌（木ノ芽2パック、白田楽味噌150g、白味噌50g、青寄せ適量）
海胆（ウニ、卵黄）
乾酪（卵黄1、マヨネーズ1）、粉チーズ

●

①ハマグリを直火で焼く。殻が開いたら上の1枚をはずして取り除き、下の殻から身をはずして戻す。

②ハマグリの上にキャヴィアをのせる。別のハマグリには、新コノコをのせる。

③その他のハマグリに木の芽味噌（木ノ芽をすり、そこに白田楽味噌、白味噌、青寄せをすり合わせる）、海胆（ウニと裏漉しした卵黄を混ぜ合わせる）、乾酪（卵黄とマヨネーズを同量ずつ合わせたもの）をそれぞれ塗る。乾酪にはさらに上から粉チーズをふる。これら三種を上火で焼き、焼き目をつける。

④五種のハマグリをいろどりよく大皿に盛りつけ、供する。

●焼物

## 鱧の共子枝豆焼

無花果の柚子田楽

酢どり防風

はも

●焼物

## 河豚白子と車海老の醤油焼に生海苔の餡

独活

ふぐ
えび

●焼物

## 河豚白子の海鼠腸餡焼

蕗の薹の共味噌焼
けしの実

ふぐ

●焼物

## 寒鰤黒七味焼

蕪　京人参
実山椒

ぶり

ブリに黒七味をふって20分間おく。

実ザンショウの地につけ込んだブリ。このまま20～30分間おく。

●焼物

## 鱧の共子枝豆焼

骨切りしたハモの上に、
鱧酒盗を混ぜたエダマメの裏漉しをのせた、
初夏の焼物。
ハモの卵は塩にまぶしたのち、塩抜きするが、
このときに塩を抜きすぎないように注意。
［上野］

ハモ、塩
鱧酒盗（ハモの卵、塩10%、爪昆布適量）
エダマメ（サヤなし）100g、塩適量、白味噌15g、田舎味噌5g、淡口醤油少量
無花果の柚子田楽（イチジク、サラダ油、柚子味噌*）
酢どり防風（ボウフウ、甘酢）
*柚子味噌：白味噌田楽にユズの果汁と皮を加えて香りをつけ、青寄せで色をつけた味噌。

●

①鱧酒盗をつくる。ハモの卵は水洗いして、強塩をして1日おく。
②粗目のザルにハモの卵を入れる。その下にサラシを敷いたザルを重ねておく。上から水を流して塩を洗い、サラシで受ける。スジを取り除くと卵がほぐれる。あまり塩を抜きすぎないよう注意。
③味をみて、爪昆布を入れ、塩辛くらいの塩加減に調整して、1日おいて味をなじませる。
④エダマメを塩ゆでし、サヤをはずして、ウチワなどで急冷して色止めをする。そのまま裏漉し器で漉す。
⑤エダマメの裏漉しに白味噌、田舎味噌、淡口醤油を加え、三割の酒盗を混ぜる。
⑥ハモをさばいて、骨切りをして、串を打つ。
⑦八割ほど焼いたら、⑤のエダマメを上に塗って、完全に焼き上げる。
⑧無花果の柚子田楽をつくる。イチジクは生のまま皮目に包丁を入れてサラダ油を塗り、天火で焼く。柚子味噌を上から塗ってあぶり、田楽にする。
⑨酢どり防風をつくる。ボウフウをさっとゆでて、甘酢につける。
⑩ハモを一口大に切って盛りつける。無花果の柚子田楽を添え、酢どり防風をあしらう。

●焼物

## 河豚白子と車海老の醤油焼に生海苔の餡

フグの白子は醤油で辛くならないよう、
かけ焼する回数は2回くらいが適当。［上野］

フグの白子
クルマエビ
かけ醤油（酒3、濃口醤油1、ミリン1）
生海苔餡（生海苔、だし、淡口醤油、塩、ミリン、砂糖、葛粉）
ウド

●

①フグの白子を適当な大きさに切る。クルマエビは頭を落とし、尾から1関節残して殻をむく。ともに串を打って醤油をかけながら焼く。
②生海苔餡をつくる。だしを火にかけ、淡口醤油、塩、ミリン、砂糖で吸い地程度に味を調える。生海苔を入れてさっと混ぜ、水で溶いた葛粉を加えてとろみをつける。
③器に生海苔餡を流し、フグの白子、食べやすく切り分けたクルマエビを盛りつける。ウドを添える。

●焼物

## 河豚白子の海鼠腸餡焼

年を越して大きくなったフグの白子を焼き、海鼠腸餡をかけてあぶった焼物。酒肴にも向く。

白子の大きさに合わせて海鼠腸餡の量を加減する。［上野］

フグの白子
塩
海鼠腸餡（コノワタ1、卵黄1、葛粉適量）、小ネギ
フキノトウ、片栗粉、揚げ油
蕗味噌（フキノトウ適量、サラダ油適量、赤田楽味噌3、八丁味噌1、煮切り酒適量）
ケシの実

●

①フグの白子を適当な大きさに切り、串を打ち、薄塩をあてて焼く。

②海鼠腸餡をつくる。コノワタ、卵黄、葛粉を混ぜ合わせ、湯煎にかけて練り、卵のくさみがなくなったら裏漉しし、小口切りの小ネギを混ぜる。

③フグの白子の上に海鼠腸餡をのせ、上火であぶる。

④フキノトウは片栗粉をまぶして、低温（160℃程度）に熱した揚げ油で揚げる。上に蕗味噌をかけて、ケシの実をふる。蕗味噌は、フキノトウを刻み、テフロン加工のフライパンにサラダ油をひいてこがさぬように炒め、赤田楽味噌、八丁味噌を混ぜた中に入れて、少し練ったもの。煮切り酒を適量加えてかたさを調節するとよい。

⑤器に白子とフキノトウを盛り合わせる。

●焼物

## 寒鰤黒七味焼

脂ののった旬の寒ブリを、薬味入りの地でつけ込んで焼いた。薬味は、日本ならではのスパイスである黒七味を使った。

ぴりっとした風味が加わることで、ブリの脂の旨みが際立つ。［奥田］

ブリ、黒七味＊
実ザンショウ5ml、地（濃口醤油1・5、酒1、ミリン3）200ml
カブ、京ニンジン
＊黒七味：京都祇園の原了郭の商品。唐辛子、サンショウの実、白ゴマ、黒ゴマ、けしの実、麻の実、青海苔を原料とする。

●

①ブリは三枚におろし、厚めの切り身にする。

②ブリの切り身に黒七味をふり、20分間おく。

③実ザンショウ半量をすり鉢であたり、濃口醤油、合わせて煮切った酒とミリンでのばす。そこに、もう半量の実ザンショウ、黒七味を加える。②のブリを20～30分間つけ込む。

④ブリを取り出し、串打ちして炭火で焼く。中まで火が通ったら、③のつけ地をかけて焼くことを3回くり返す。

⑤器に盛り、③の実ザンショウをのせる。カブの甘酢漬と京ニンジンをあしらう。カブの甘酢漬は、カブをくり抜き器でくり抜いて、塩水に20分間つけ、ザルに上げて、甘酢（米酢210ml、水650ml、砂糖80g、塩一つまみ、昆布各適量、赤唐辛子少量）に漬けたもの。京ニンジンは、同様にくり抜き、梅肉少量を加えた吸い地で炊いたもの。

●焼物

# 真魚鰹ヘーゼルナッツ焼

慈姑

まながつお

水気が多くやわらかいマナガツオは、幽庵地や味噌床につけて焼くのが一般的な食べ方。ここでは目先をかえて、ヘーゼルナッツペーストを加えた幽庵地につけ込んだ。ナッツ類は味噌や醤油と相性のよい素材。味噌幽庵とも一味違うナッツの香ばしさや、ヘーゼルナッツ特有の風味が加わる。［奥田］

マナガツオ
ヘーゼルナッツのつけ地（生のヘーゼルナッツ1、幽庵地＊2）
クワイ、クチナシの実、砂糖
＊幽庵地（濃口醤油1・5、酒1、ミリン3）

●

①マナガツオを三枚におろし、皮目に3㎜深さの切り目を2㎜間隔で入れる。包丁を入れる方向は、身に対して斜め45度。4〜5㎝幅の切り身にする。

②ヘーゼルナッツのつけ地を用意する。生のヘーゼルナッツを皮つきのまま弱火で20分間ほどゆでて、氷水にとる。渋皮をむき、四等分に切る。

③天板に広げ、150℃に熱したオーブンで1時間半ローストする。飾り用に少しだけ取りおき、残りを熱いうちにフードプロセッサーにかけてペースト状にする。合わせて煮切った酒とミリン、濃口醤油を加えて、のばしてつけ地とする。

④マナガツオをヘーゼルナッツのつけ地に20分間ほどつけ込む。地から引き上げ、串を打つ。炭火で焼き、中まで火が通ったら、地を塗っては乾かすようにあぶることを3回くり返す。

⑤クワイは、クチナシの実を加えて水から、ゆでる。中まで火が通ったら一旦ザルに上げ、水に砂糖を加えた地で味がしみるまで弱火で炊いて蜜煮にする。

⑥焼き上がったマナガツオを器に盛り、②で取りおいた飾り用のヘーゼルナッツのローストを散らす。蜜煮にしたクワイを添える。

●焼物

# 魴の蕗味噌　鱗百合根焼

まながつお

マナガツオの切り身に蕗味噌を塗り、ユリ根をウロコ状に立ててあぶった焼物。フキノトウを刻んだ味噌はこげやすいので、ごく弱火で炒めて風味を出す。［上野］

マナガツオ、塩
蕗味噌（フキノトウ適量、サラダ油適量、赤田楽味噌3、八丁味噌1、煮切り酒適量）
ユリ根（小羽）、塩

●

①マナガツオを三枚におろし、紙塩（魚に和紙などをあて、その上から塩をすること。塩味がやわらかく全体にまわる）をあてておく。身を切り分けて、皮側に浅く包丁目を入れる。

②蕗味噌をつくる。フキノトウを刻み、テフロン加工のフライパンにサラダ油をひいてこがさぬように炒め、赤田楽味噌、八丁味噌を混ぜたものを入れて少し練る。煮切り酒を適量加えてかたさを調節する。

③ユリ根をほぐして掃除し、塩を入れた湯でかたゆでする。

④マナガツオに串を打ち、八割程度焼いたら、蕗味噌を塗り、ユリ根をウロコ状に重ねて並べ、上火で焼き上げる。蕗味噌は必要ならば煮切り酒を加えてかたさを調整するとよい。

ユリ根は小さい鱗片を用い、ウロコのように立てて並べる。

●焼物

# 海老芋の魚介のせ　柚子味噌焼

いろいろ

大きなエビイモを塩蒸して
魚介類を詰めて焼いた冬の焼物。
ユズの皮は、
深くまですりおろすとえぐみが出てしまうので、
表面だけをすりおろす。［上野］

クルマエビ
カキ
タラの白子
吸い地（だし、塩、淡口醤油）
エビイモ、塩
柚子味噌（白田楽味噌3、田舎味噌1、ユズ、煮切り酒適量）

●

①クルマエビは背ワタを抜き、カキは殻から取り出して洗っておく。白子は霜降りする。これらをそれぞれ吸い地でさっと炊いておく。

②エビイモは皮つきのまま軽く塩をあてて、蒸し器でやわらかくなるまで蒸す。蒸し時間の目安は1時間前後。

③蒸し上がったら、骨抜きを使って皮をむき取る。すわりのいいように下側を平らに切り落とす。上を丸くくり抜いておく。

④柚子味噌をつくる。すり鉢に白田楽味噌、田舎味噌、ユズ皮のすりおろしを混ぜ合わせ、ユズの果汁で味を調え、煮切り酒でかたさを調整する。

⑤丸くくり抜いたエビイモの中に①の魚介類をのせ、柚子味噌をとろりとかけて、上火で焼く。

⑥こげ目がほんのりとついてきたら取り出して提供する。

# 煮物　炊合　鍋仕立て

# 白甘鯛の難波煮

椎茸　青葱
黒胡椒

あまだい

白アマダイは、塩焼にしておいしいくらいの
しっかりした塩をあてないと、
だしに旨みが出てこない。
青ネギの香りと
焼霜にしたアマダイの香ばしさがよく合う。［上野］

白アマダイ（頭）　1枚
塩、薄力粉、サラダ油
だし　900ml
塩　小さじ1
淡口醤油　10ml
ミリン　10ml
シイタケ
青ネギ
黒コショウ

●

①白アマダイの頭に塩をして3～4時間おいたのち、薄力粉をまぶす。フライパンにサラダ油を少量入れ、青ネギを焼く。

②青ネギの香りが立ったら取り出し、中火にし、白アマダイを皮目から焼く。コクを出すために、アマダイは霜降りのかわりに表面のみを焼く。

③胸ビレがこげないように途中でアルミホイルをあてる。

④うっすらと焼き色がついたら裏を焼く。全体に焼き色がつくよう、丸みのある部分は、傾けながらまんべんなく焼き色をつける。

⑤バットに取り出して、熱湯をかけて油抜きをする。

⑥鍋にアマダイを入れて冷たいだしをはり、束ねた青ネギ、シイタケとともに強火にかける。塩、淡口醤油、ミリンで味を調える。

⑦コクが出るよう、5分間ほど強火で炊き続ける。熱々を器に盛って、粗挽きの黒コショウをふって提供する。

アマダイの下焼と難波煮

●煮物

# 伊勢海老の紗布蘭味噌煮

天王寺蕪

いせえび

イセエビの味噌と、
白味噌の味を生かしながら、
サフランの香りで少し洋風に仕立てた。
イセエビの殻で
濃いめにしっかりだしをとること。［上野］

## イセエビのさばき方

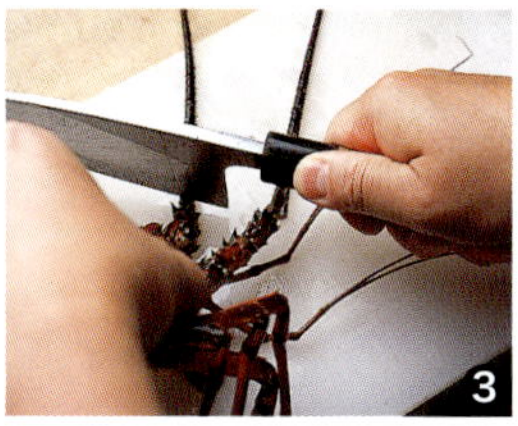

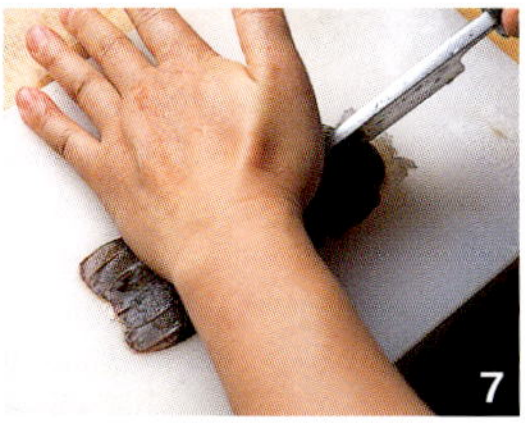

## イセエビのサフラン味噌汁

## イセエビの種

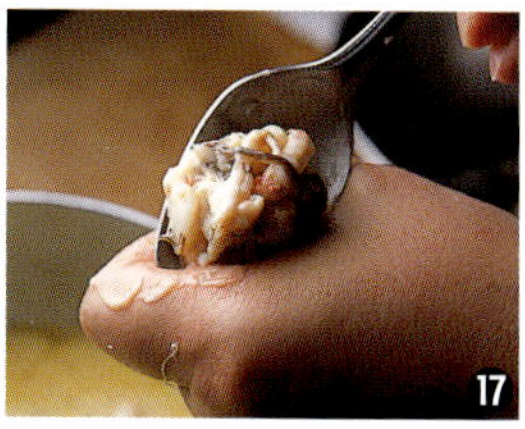


イセエビ　1尾
だし　900ml
白味噌　100g
サフラン　少量
白身魚のすり身、ユリ根、白髪ネギ、キクラゲ、だし
天王寺カブラ　1個

●

①イセエビは腹側の胴と頭部の継ぎ目に包丁を入れる。
②ねじり取って胴と頭部を分ける。
③頭部からツノの先を切り落とす。脚と触角も切り落とす。
④裏を向けて、出刃包丁で半割にする。
⑤ツノのつけ根を半割にする。
⑥砂袋を取り除く。
⑦胴の部分も④と同様、裏を上に向けて半割にする。
⑧背ワタを抜く。
⑨鍋に頭部（断面を上に向ける）と③で切り落とした脚などを鍋に入れ、冷たいだしをはって火にかける。
⑩沸いてきたらアクを取り除く。
⑪イセエビを取り出す。
⑫残っただしに白味噌を溶かす。
⑬サフランを入れる。色が出たら火を止める。
⑭蟹スプーンで頭部から身をかき出す。
⑮脚の先を切り落とし、脚を割って、身を取り出す。
⑯かき出した身、脚の身、白身魚のすり身、蒸して細かく切ったユリ根、水で戻してだしで煮含めたキクラゲの細切り、白髪ネギを混ぜ合わせる。
⑰熱した⑬に、丸く取った⑯を落とす。沸いたら胴を入れて八割程火を入れて取り出す。器に盛り、だし（分量外）で炊いた天王寺カブラを添える。

煮物

# 伊勢海老と飛荒の蝦味噌ソース

千社頭

いせえび
とびあら

大阪でよく食べられるトビアラ。
むき身は春巻に、だしがよく出る頭はソースにと、あますところなく利用した。
トビアラは生きているときに
オレンジの果皮を入れておくと色がより赤くなる。
［上野］

イセエビ、だし、淡口醤油、塩
飛荒春巻（トビアラのむき身３００g、塩少量、ヤマイモのすりおろし少量、ユリ根、キクラゲ、春巻の皮、揚げ油）
蝦味噌（トビアラの頭３００g分、サラダ油30ml、白田楽味噌90g、田舎味噌30g）
蝦味噌ソース（蝦味噌2、生クリーム1、オリーブ油1、だし少量）
チシャトウ、吸い地

①イセエビは半分に割って塩をして30分間おく。
②淡口醤油と塩少量を加えただしで炊く。
③飛荒春巻をつくる。トビアラは頭、殻、尾をむいて、立塩で洗う。３００gのうち、２４０gに塩をふって包丁で叩き、粘りを出す。
④ヤマイモをすりおろし、ごく少量を叩いたトビアラに加えてさらに叩く。これをつなぎとする。
⑤残りのトビアラ、ゆがいたユリ根、戻してせん切りにしたキクラゲを混ぜ、つなぎを合わせる。
⑥18㎝角の春巻の皮の上に、テーブルスプーン山盛り１の⑤をのせて、くるくると巻く。
⑦端を止めて春巻とする。提供時に１８０℃に熱した揚げ油でからりと揚げる。
⑧蝦味噌ソースをつくる。まず蝦味噌を準備する。鍋にサラダ油を入れて火にかけ、春巻で使って残ったトビアラの頭のみを中火で炒める。

⑨水分がなくなってくると、旨みと香ばしい香りが出てくる。ここまでしっかりと炒める。

⑩フードプロセッサーにかけて写真程度まで細かくする。

⑪鍋に戻し、白田楽味噌と田舎味噌を混ぜ合わせて加える。

⑫火にかけて、よく混ぜながら練る。鍋肌についた旨みをこそげ取りながら練る。

⑬裏漉しする。

⑭蝦味噌。

⑮蝦味噌に生クリーム、オリーブ油を加え、だしでのばす。

⑯蝦味噌ソースのでき上がり。

⑰からりと揚げた飛荒春巻を食べやすく切り、イセエビと盛り合わせる。蝦味噌ソースを添える。色よくゆでて吸い地につけたチシャトウをあしらう。

●鍋仕立て

# 鮭豆乳鍋

豆腐　湯葉　小蕪　焼葱　白菜巻

さけ

サケでつくった団子や焼いたサケ、湯葉や野菜類を具材とし、豆乳をベースとした地で鍋仕立てにする。生のサケを汁物に入れると生ぐささが出るが、炭火で下焼してから入れると、香ばしくてよいだしが出る。［奥田］

サケ、塩
サケ団子（焼いたサケの身、サケのミンチ、卵、信州味噌、濃口醤油、長ネギ、ショウガ、酒溶き葛粉、吸い地＊）、だし
鍋の地（豆乳1、だし1、西京味噌・淡口醤油・ミリン各適量）
豆腐、湯葉、小カブ、長ネギ
白菜巻（ハクサイ、カンピョウ）
＊吸い地：だし、塩、淡口醤油

●

①サケを三枚におろし、皮をひく。切り身にする。
②サケの切り身を半分に切る。塩をして30分間ほどおき、串を打って炭火で焼く。焼いたサケは、一部はそのまま鍋の具として、一部はサケ団子のためにとりおく。
③サケ団子をつくる。①の生サケをフードプロセッサーにかけて、ミンチにする。
④ミンチにしたサケをすり鉢に移す。焼いたサケをほぐして加える。
⑤ざっとすりつぶして混ぜる。
⑥卵、信州味噌、濃口醤油、長ネギ、ショウガ、酒溶き葛粉を加える。吸い地でかたさを調整する。
⑦なめらかになるまですり混ぜて、サケ団子の種とする。
⑧サケ団子の生地を手のひらに取り、親指と人差し指で輪をつくり押し出してスプーンで取り、丸にする。
⑨だしを温め、丸にしたサケ団子を下ゆでする。

サケ団子

鍋の地

白菜巻

⑩鍋の地をつくる。鍋にだしをはり、温めながら西京味噌を溶く。淡口醤油、ミリンで味を調える。

⑪だしと同量の豆乳を加えて地とする。

⑫豆腐、湯葉は食べやすい大きさに切る。小カブは茎の根元を少し残し、水から下ゆでする。長ネギは、串を打ち、炭火で焼く。

⑬白菜巻をつくる。ハクサイは下ゆでし、氷水にとる。

⑭芯をそいで平らにする。

⑮数枚重ねて巻き簀で巻く。水から下ゆでしたカンピョウを巻いて止める。

⑯②の焼きザケ、下ごしらえした具材、白菜巻を鍋に入れ、⑪の地を注いで火を通す。沸騰させると豆乳が凝固してしまうので、火を強くしすぎないよう気をつける。具材に火が通ったら、鍋ごと提供する。

●煮物

# 鱧豊年仕立て

しめじ茸
針柚子

はも

新米が出る頃の煮物。
ハモに煎り米をまぶして揚げたのち、だしで炊いたもの。
米を使っているので豊年とつけた。椀物としては種が多いが、
コースの仕上げに少量供すると、湯桶がわりにもなる。［中嶋］

ハモ、塩
薄力粉、卵白、煎り米、揚げ油
シメジタケ
吸い地（だし、塩、淡口醤油、酒）
ユズ

●

①ハモを腹開きにして、骨切りをする。薄塩をあててしばらくおく。３㎝くらいに切り落とす。
②米を鍋に入れて空煎りする。ほんのり色づくまで煎る。
③すり鉢に移してすりこ木で叩きながら粗めに砕く。
④ハモにハケで薄力粉をまぶす。溶きほぐした卵白にくぐらせて、砕いた米をしっかりまぶしつける。
⑤余分な米を落とす。
⑥１６０℃に熱した揚げ油でかりっと揚げる。二割程度まで火を入れる。
⑦吸い地を熱し、⑥を入れる。煎り米がふっくらするまで煮る。
⑧器に盛りつけ、だしで煮含めたシメジタケを添える。煎り米の香ばしさがキノコの香りを一層引き立てる。天に針ユズを盛る。

豊年仕立て

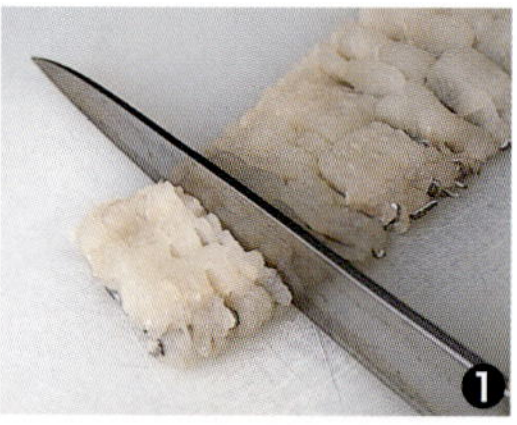

●煮物

# 相メの揚煮

菜の花
ローズペッパー素揚

あいなめ

アイナメは煮ても揚げても旨い魚。水分が多いので、一旦揚げて水分を適度に抜いたのち、だしで炊いて旨みを戻していくという発想の料理。

[中嶋]

アイナメ、薄力粉
揚げ油
だし、塩、淡口醤油、酒
菜ノ花
ローズペッパー

●

①アイナメを三枚におろし、小骨を抜く。ハモの骨切りよりもやや厚めに包丁を入れて、薄力粉をまぶす。
②揚げ油を170℃に熱し、アイナメを揚げる。七、八割ほど水分が抜けて、かりっとした状態になったら取り出す。熱湯をかけて油抜きをする。
③だしに塩、淡口醤油、酒を加えて吸い地よりも濃いめに味を調える。ここに油抜きしたアイナメを入れて、衣がだしを充分含むまで煮る。
④アイナメを器に盛り、煮汁をかける。ゆがいた菜ノ花を添え、素揚げしたローズペッパーをふる。

●鍋仕立て

# 鮎魚女山菜鍋

木の芽

あいなめ

骨切りしたアイナメを鍋に落とし、花がひらいたところですくい上げる。タケノコを炊いた地を鍋にはり、タケノコと相性のよい木ノ芽をたっぷり入れる。花ザンショウが手に入れば、木ノ芽のかわりに入れるとよい。［奥田］

アイナメ
タケノコ、地（だし10、淡口醤油1、ミリン1、昆布）
菜ノ花、塩
ワラビ、地（だし8、淡口醤油1、ミリン1）
ミズナ、ウド
木ノ芽、塩

●

①アイナメは三枚におろし、小骨を抜く。抜ききれない骨があるので骨切りし、3～5㎝ごとに切り落とす。
②タケノコは、米糠と赤唐辛子と一緒に水から2時間以上ゆでてアク抜きする。ゆで汁ごと冷まし、冷めたら流水で洗う。薄切りにし、だしに淡口醤油、ミリン、昆布を合わせた地で煮る。これを鍋の地とする。
③菜ノ花はさっと塩ゆでして、一口大に切る。ワラビは灰でアク抜きしてから炊く（↓63頁鰆のたたきオレンジのポン酢ジュレ）。ミズナは幅3～4㎝に、ウドは2～3㎝幅の薄切りに切りそろえる。
④鍋に鍋の地を入れ、火にかける。沸騰したら、タケノコ、菜ノ花、ワラビ、ミズナ、ウドを入れ、たっぷりの木ノ芽を散らす。
⑤ふたたび沸いたら、骨切りしたアイナメを入れる。花がひらいたら、食べ頃。

●煮物

## 青柳と春野菜の炒り煮

筍　分葱　独活　しめじ茸

粉山椒

あおやぎ

●煮物

## 赤貝と芹の炒り煮

粉山椒

あかがい

●炊合

## 丸大根と穴子炊合

針柚子

あなご

●煮物

## 穴子白焼　生湯葉巻

干瓢　木の芽

あなご

●煮物

## 青柳と春野菜の炒り煮

春に旬を迎える素材を合わせて
炒り煮にした。
アオヤギのコクのある旨みで
野菜が引き立つ。
それぞれの持ち味を損なわないよう、
火の入りすぎにはくれぐれも注意する。
レモンを搾っても美味。［中嶋］

アオヤギ
タケノコ、だし
ワケギ
ウド
シメジタケ
淡口醤油
太白ゴマ油
粉ザンショウ

●

①アオヤギは殻から取り出し、掃除して身とヒモに分ける。
②タケノコは、米糠と赤唐辛子を入れた水でゆでてアク抜きをしたのち、だしで煮含める。ワケギ、ウド、シメジタケは食べやすく切る。
③小鍋に材料をすべて入れて、太白ゴマ油、淡口醤油を適量ずつ加えて混ぜ、火にかけて炒りつける。
④野菜に火が通り、しんなりしたら火からおろす。アオヤギに火が入りすぎないよう注意する。ここで、香りづけにゴマ油を少量加えてもよい。
⑤器に盛り、粉ザンショウをふる。

●煮物

## 赤貝と芹の炒り煮

入手できれば、
長ゼリではなく田ゼリのほうが
歯ごたえがしっかりしている。
アカガイと田ゼリの歯ごたえと
香りを楽しむ初夏の香味。［中嶋］

アカガイ、塩、太白ゴマ油
田ゼリ、塩
八方だし（だし8、ミリン1、淡口醤油1）
粉ザンショウ

●

①アカガイは水洗いする。
②アカガイを太白ゴマ油でさっと炒める。中まで火が通らないよう、表面だけに火を入れる。一旦鍋から出しておく。
③セリは塩を入れた熱湯でかためにゆでておく。
④②の鍋に残った貝の汁で、下ゆでしたセリを炒め、しんなりしたらアカガイを戻す。八方だしを少量加えて味を調える。八方だしは貝汁を補う程度の分量でよい。
⑤器に盛り、粉ザンショウをふる。

●炊合

# 丸大根と穴子炊合

本来は料理屋の
一品ではないかもしれないが、
このような惣菜料理をコースに入れると、
意外に存在感を発揮する。
丸大根のかわりに焼き豆腐を使っても美味。
［中嶋］

煮穴子（アナゴ1尾 250g、だし300ml、酒・ミリン各300ml、濃口醤油35ml、砂糖15g）
丸ダイコン、だし2、アナゴの煮汁1
ユズ

●

①アナゴを背開きにし、沸騰した湯にくぐらせる。皮目がうっすらと白くなってきたら、氷水にとる。タワシでヌメリを落として、水気をふき取る。

②アナゴを煮る。だし、酒、ミリン、濃口醤油、砂糖を合わせた地を火にかけ、沸いたらアナゴを並べて落し蓋をして、10分間煮る。火からおろして鍋のまま自然に冷ます。

③丸ダイコンは皮をむいて大きめのくし形に切って、面取りをする。

④丸ダイコンを煮る。アナゴの煮汁1をだし2で割り、ダイコンをゆっくりと煮て味を含める。ダイコンが炊き上がる直前で、適宜に切ったアナゴを合わせて温める。

⑤アナゴと丸ダイコンを盛り合わせる。天に針ユズを盛る。

●煮物

# 穴子白焼　生湯葉巻

白焼にした穴子を湯葉で巻いて煮た。
やわらかい生湯葉にくるまれた穴子は
表面がぱりっと、
中はふんわりとしている。
食感の違いを三層にわたって、
たのしめる煮物。［奥田］

アナゴ、生ユバ、カンピョウ、塩
地（だし、塩、淡口醤油、濃口醤油、ミリン）
木ノ芽

●

①アナゴを背開きにする。

②串を打ち、炭火で白焼にする。

③カンピョウは、水洗いしてさっと塩もみする。流水で塩を洗い落とし、水からゆでる。やわらかくなったら、冷水にとる。冷めたら水気を搾っておく。

④アナゴを芯にして、生ユバを巻きつける。最後にカンピョウで結んで止める。

⑤だしに塩、淡口醤油を加える。濃口醤油を少量加えて風味をつけ、吸い地よりも少し濃いめの味にする。最後にミリンを少量落として、味に丸みをもたせる。

⑥地を鍋に入れて温め、アナゴの生湯葉巻を入れる。10分間、弱火で炊く。

⑦器に盛り、木ノ芽をあしらう。

●煮物

## 鮎の有馬煮

木の芽

あゆ

●鍋仕立て

## 稚鮎のすき煮

鶉卵
粉山椒

あゆ

●煮物

## 烏賊詰めスッポン真丈

あられ柚子

いか
すっぽん

●煮物

## 伊勢海老白味噌仕立て　柚子胡椒風味

蕪

いせえび

●煮物

## 鮎の有馬煮

アユ料理の定番の一つ。
アユの新鮮さ、品質のよさも重要だが、
じっくりと旨みを引き出しながら
味を入れていくことが大事。
調味料は、アユのアクが出きる
ほんの少し前から加える。
また、実ザンショウは風味が強いので、
味が決まってから最後に加える。［奥田］

アユ6尾（1尾60g）
酒600ml、水600ml、酢50g、濃口醤油120ml、たまり醤油10ml、ミリン50ml、砂糖60g
実ザンショウの佃煮（市販品）15ml
木ノ芽

●

①アユにのぼり串を打ち、炭火で素焼にする。
②鍋に、酒と水を注ぎ、アユを炊く。沸いたら火を弱め、アクをすくう。酢を入れ、アクがほとんど出なくなるまで中弱火で20分間ほど煮る。酢を少量入れるのは、アユの身と骨をやわらかくするため。
③濃口醤油、ミリン、砂糖、たまり醤油を加えて、味を調える。最後に実ザンショウの佃煮を加える。落し蓋をし、1時間かけて弱火でじっくりとアユに味を含ませていく。煮汁がとろりとしてきたら煮上がり。
④器に盛り、木の芽を散らす。

●鍋仕立て

## 稚鮎のすき煮

琵琶湖産の稚アユは、
頭の内部が比較的やわらかいので、
これを用いる。ウズラの卵は、
くずしたときに割り下全体にまわって
卵締めにならないように、
溶き入れずに割り落とした。［中嶋］

稚アユ
ゴボウ
糸コンニャク
長ネギ
割下（だし6、ミリン3、淡口醤油1）
ウズラ卵
粉ザンショウ

●

①稚アユは串を打って素焼にする。
②ゴボウはささがきに、糸こんにゃくはゆでこぼして適当な長さに切る。長ネギも適宜に切る。
③鍋に割下を入れて火にかける。ゴボウ、糸コンニャク、長ネギを入れて煮る。沸騰して野菜に火が通ったら、稚アユを入れて一煮立ちさせる。
④最後に端のほうにウズラの卵を割り落とし、粉ザンショウをふる。熱いうちに手早く提供する。

●煮物

# 烏賊詰めスッポン真丈

スッポンの真丈を
スルメイカの胴に詰めて蒸した。
ともに歯ごたえのある素材なので、
相性がよい。
旨みの強いスッポン真丈を詰めることで、
スルメイカがご馳走になる。［奥田］

スルメイカ　1杯
スッポンだし（スッポン６９０ｇ 1匹、水１・５リットル、酒１・５リットル、昆布８ｇ、淡口醤油１００ml、ミリン10ml）、淡口醤油、ミリン、葛粉
下煮したスッポン一匹分、水１・５リットル、酒２００ml、濃口醤油１４０ml、ミリン50ml
スッポン真丈（下炊きしたスッポン１５０ｇ、白身魚のすり身２００ｇ、卵の素＊）
ユズ
＊卵の素：卵黄2個分に対して、サラダ油１６０ml、塩2gを加えて攪拌したもの。

●

①スルメイカの脚と内臓を抜き、中を洗う。エンペラをはずし、表皮をはぐ。霜降りにして生ぐさみを取る。
②スッポンだしをとる。まずスッポンを下煮する。スッポンをほどき、掃除して水洗いした身、内臓、エンペラを鍋に入れ、酒と水を注ぎ、昆布を入れて強火にかける。沸いたら強火で10分間、中火で10分間、さらに弱火で10分間、アクをすくいながら炊く。
③アクが出なくなったら、スッポンを取り出す。煮汁はこの段階で2リットルほどになる。これを漉し、一煮立ちしたら、淡口醤油とミリンを入れてスッポンだしとする。
④下煮したスッポンの骨を抜き、内臓、エンペラとともに水、酒を入れて強火で沸かす。アクをひき、濃口醤油とミリンを加え、一煮立ちしたら弱火で15分間煮る。
⑤スッポン真丈をつくる。白身魚のすり身に卵の素をすり混ぜる。④のスッポンの身、内臓、エンペラを角切りにして混ぜる。
⑥スッポン真丈をスルメイカの胴に詰める。蒸し器で10～15分間蒸して、中まで完全に火を通す。
⑦スッポンだしに淡口醤油、ミリンを加えて薄めに味を調えて地をつくり、⑥を弱火でゆっくりと煮る。
⑧煮上がったら、食べやすく切って器に盛る。煮汁にスッポンだしで溶いた葛粉でとろみをつけてかける。あられユズを散らす。

●煮物

# 伊勢海老白味噌仕立て 柚子胡椒風味

イセエビを豪快に縦に二つ割りにし、
白味噌仕立てにした。たくさん使うと
甘ったるく感じてしまいがちな白味噌だが、
ユズコショウを加えることで、
風味が引き立ち、さっぱりする。［奥田］

イセエビ
西京味噌1、だし1、淡口醤油・ミリン・ユズコショウ各少量
カブ、米のとぎ汁、地（だし、塩、淡口醤油）
ユズコショウ

●

①イセエビは殻ごと縦半分に割る。
②鍋にだしを温め、同量の西京味噌を溶き、淡口醤油とミリン各少量を加えて味を調える。ユズコショウも加えて溶く。
③火にかけて沸かす。沸いたら、イセエビを殻を下にして入れ、強火で3分間煮る。身を下にして煮ると火が入りすぎ、ぱさぱさになってしまう。時々、地をすくってかけ、身に味を含ませる。
④カブは六方にむき、米のとぎ汁で下ゆでする。火が通ったら、水にさらす。ザルに上げて、だしに塩、淡口醤油で吸い地程度に味をつけ、下ゆでしたカブを炊く。
⑤器にイセエビを盛り、カブを添える。イセエビにユズコショウをのせる。

●鍋仕立て

## 鰯のつみれ小鍋仕立て

焼葱

一味唐辛子

いわし

●鍋仕立て

## 鰯柳川仕立て

青葱　七味唐辛子

いわし

●鍋仕立て

## もくず蟹の蕃茄味噌汁

鳥飼茄子　石川小芋
軸三つ葉

かに

●煮物

## 鯖五色の味噌煮

長葱　芽葱

さば

●鍋仕立て

# 鰯のつみれ小鍋仕立て

青魚のイワシには独特のにおいがある。
ショウガ、味噌を加えると
このにおいがやわらぐ。
コース料理の一品として使う前提なので、
鍋の具はつみれと焼葱だけとした。［中嶋］

つみれ（中羽イワシ＊4尾、溶き卵15ml、片栗粉15g、田舎味噌15g、おろしショウガ5ml）
割下（だし1、水1、昆布5cm角1枚）
長ネギ
一味唐辛子
＊中羽イワシ：10～13cmのイワシをいう。ちなみに10cm以下は小羽、18cmほどは大羽という。

●

①イワシは手開きにして上身にし、皮をむく。皮をむくとつみれが白っぽくきれいに仕上がる。
②粘りが出るまでイワシをフードプロセッサーにかけて細かくし、溶き卵、片栗粉、田舎味噌、おろしショウガを加えて練る。
③これを丸くまとめて、昆布を入れた熱湯（だしと水同量ずつ合わせたもの）でゆでて取り出しつみれをつくる。
④長ネギの白い部分を4～5cm長さに切り、網で直火焼にして焼き目をつける。
⑤割下の材料を合わせて熱し、つみれと焼ネギを入れて一煮立ちさせる。一味唐辛子をふって供する。

●鍋仕立て

# 鰯柳川仕立て

店で人気のビジネスランチの一品。
夏の真っ盛りと真冬によく出る。
ランチではご飯に合うよう、
濃いめの味に仕立てている。
イワシは揚げおきせずに
1人分ずつオーダー後に揚げ、
卵を溶き入れて
半熟に仕上げるのがポイント。［中嶋］

イワシ
塩、片栗粉、溶き卵、パン粉、サラダ油
玉ネギ
卵 ½個
割下（だし6、濃口醤油1、ミリン1、酒1）
青ネギ
七味唐辛子

●

①イワシを三枚におろす。1人分1・5尾を使用。薄塩をふり、片栗粉をまぶす。溶き卵にくぐらせて、パン粉をつけ、160℃に熱した揚げ油で揚げる。
②鍋に薄切りの玉ネギを入れて、割下を入れて火にかける。一煮立ちしたらイワシのフライを入れ、溶きほぐした卵をまわし入れてとじる。
③青ネギを散らし、七味唐辛子を少量ふる。

●鍋仕立て

# もくず蟹の蕃茄味噌汁

モクズガニは胴が5～6cmの丸みのある四角形のカニで、河川に棲む。小型なので身は少ないが、味のよいカニ。カニ味噌をつくって甲羅焼にしてもよい。具材に用いた鳥飼茄子は、なにわ伝統野菜の一つで、摂津市・鳥飼産の丸なす。皮はやわらかく、果肉がしっかりしていて、煮くずれしないという特徴がある。［上野］

モクズガニの身5、真丈地（白身魚のすり身100g、ヤマイモのすりおろし30g、卵白15ml、かつおだし少量）1
鳥飼ナス、揚げ油、八方だし＊
小イモ、八方だし＊
かつおだし、トマト、白味噌
＊八方だし：基本配合はだし5・4リットル、塩25g、ミリン360ml、淡口醤油54ml。用途によって味を加減する。

●

①モクズガニを蒸し器で蒸す。蒸し時間の目安は10個で15～20分間程度。これをさばいて身を取り出す。カニの身5に対して真丈地1の割合で混ぜ、甲羅に詰める。
②鳥飼ナスは皮をむいて油で揚げて八方だしにつけておく。小イモは皮をむき、30分間蒸したのち、八方だしで煮る。
③モクズガニの残りの殻を天火に入れて弱火で乾かすように焼く。味噌汁が生ぐさくならないように、殻は完全に水分が飛ぶまでしっかり焼くこと。
④殻をかつおだしに入れる。種と皮を取り除いて角切りにしたトマトを加え、白味噌を溶き入れて味噌汁をつくる。
⑤鍋にモクズガニ、ナス、小イモ、軸三ツ葉を入れて味噌汁をはり、火にかける。熱々を供する。

●煮物

# 鯖五色の味噌煮

サバの味噌煮を変わり味噌で。さまざまな味噌を混ぜ合わせることで、もったりしがちな味噌の地がすっきりとして、サバの味が引き立つ。［奥田］

サバ2尾、塩
五色味噌（西京味噌320g、信州味噌100g、さくら味噌190g、コチュジャン50g、甜麺醤50g、砂糖20g）、水1・5リットル、酒300ml、針ショウガ
長ネギ、芽ネギ

●

①サバを三枚におろし、小骨を抜いて、片身を3枚の切り身にする。
②くさみを抜くため、80℃の温水に入れ、表面の色が白っぽくなったら氷水にとって霜降りする。しっかりと水気をふき取る。
③鍋にサバ、酒、水を入れ、針ショウガを加える。沸いたら、アクをすくい、弱火にする。アクが出なくなるまですくい続ける。
④五色味噌の材料を表記順に溶き入れる。落し蓋をして、弱火で20分間煮る。
⑤器に盛り、白髪ネギと芽ネギを合わせて盛る。

●鍋仕立て

## 白魚山菜玉子締め

木の芽

しらうお

●煮物

## 鯛かぶら

糸柚子

たい

●煮物

## 鯛あらだき　㐂川流

蕗　落し芋
木の芽

たい

●鍋仕立て

## 鯛しゃぶ　木の子鍋仕立て

たい

●鍋仕立て

## 白魚山菜玉子締め

まだ肌寒さの残る春先の鍋仕立て。
主役の白魚と山菜の存在感を高めるために、
とじる卵は少なめに。
筒状の器に盛って、
椀物がわりにも用いている。
また吸物とするときには
割下のかわりに吸い地をはって。［中嶋］

シラウオ、塩
ウルイ
フキ、塩
タラノ芽
卵
割下（だし16、淡口醤油1、ミリン1）
木ノ芽

●

①シラウオは薄い塩水で洗って、水分をよくふく。
②ウルイ、フキ、タラノ芽を準備する。フキは塩で板ずりして熱湯で下ゆでする。タラノ芽は掃除しておく。これらを食べやすく適宜に切る。
③鍋に割下を入れて火にかける。沸いたらシラウオ、ウルイ、フキ、タラノ芽を入れて、一煮立ちしたら溶き卵をまわし入れる。
④卵に六分程度火が通ったら火からおろす。木ノ芽を散らして供する。

●煮物

## 鯛かぶら

タイのアラで濃いめのだしをとり、
聖護院カブを炊いてタイの旨みを含ませる。
タイの上身はあまり長時間火を入れずに
ふっくらと仕上げること。［中嶋］

タイ、塩
昆布
聖護院カブ
酒、濃口醤油、ミリン
ユズ

●

①タイを三枚におろす。上身は食べやすい大きさの切り身にし、薄塩をあてておく。アラは、強火で焼き目が少しつくように焼く。鍋に昆布を敷き、アラを入れて火にかける。
②沸騰直前で昆布を取り出し、くし形に切って面取りをしたカブを入れてやわらかくなるまで煮る。
③一旦カブを取り出し、酒を加えて強火で煮詰める。タイのアラを取り出し、濃口醤油、ミリンで味を調える。カブを戻して味をなじませる。
④タイの上身を入れてさっと短時間で炊いて器に盛る。糸ユズを天に盛る。

●煮物

## 鯛あらだき　㐂川流

醤油の味を控え、
ほんのりと甘い梅の酸味で食べさせるので、
タイの味がより前面に出る。［上野］

●鍋仕立て

## 鯛しゃぶ　木の子鍋仕立て

タイのアラでとっただしでキノコを煮立て、
タイの刺身をしゃぶしゃぶにする。
タイの繊細な旨みに、
キノコのだしが加わり、
より豊かな味わいに。
タイは火が入ると縮むので、
厚めに切り、あまり火を入れすぎない。
最後に雑炊にしてもおいしい。［奥田］

タイの頭
だし360ml、叩き梅大さじ⅔、ミョウガ2個、砂糖大さじ½、濃口醤油少量
小イモ、八方だし（だし、塩、ミリン、淡口醤油）
フキ、塩、つけ地
木ノ芽

●

①タイの頭は霜降りをする。タイにだしを注いで火にかける。沸いたら砂糖、濃口醤油で味を調える。

②叩き梅を入れて味を調え、ミョウガのみじん切りと叩き木ノ芽を散らす。

③一煮立ちしたら火を止めて盛りつける。小イモとフキを盛り合わせ、木ノ芽をあしらう。小イモはもみ洗いして皮をむき、米のとぎ汁でゆでる。八方だしで炊いて鍋のまま冷ましたもの。フキは塩で板ずりして色よくゆで、皮をむいてつけ地につけたもの。

タイ
マツタケ、エノキダケ、シメジタケ、マイタケ、ヒラタケ、クリタケ、ナメコタケ
タイのだし（タイのアラ1尾分、水7、酒3、昆布）
淡口醤油、濃口醤油、ミリン

●

①タイを三枚におろし、さくに取る。タイを皮つきのまま、厚めのそぎ造りにする。

②タイのだしをとる。水、酒、昆布を合わせ、くさみを取るために霜降りしたタイの頭、中骨、尾ビレを入れて強火にかけ、アクを取り除く。アクが減ってきたら少しずつ火を弱める。アクが出なくなるまで煮る。

③キノコ類は、石突きを取り除き、食べやすい大きさに切る。

④タイのだしを鍋に入れ、淡口醤油、濃口醤油、ミリンで吸い地程度に味を調える。キノコ類を加える。アクが出たらすくう。

⑤鍋とタイの造りを客席に運ぶ。さっと鍋に入れ、表面が白くなったら取り出す。中は半生くらいで食べるようすすめる。

●煮物

# 鱧、小芋、オクラの揚みぞれ

かぐら南蛮　柚子胡椒

はも

天ぷらはダイコンおろしを入れた天つゆが定番。ハモと小イモの薄衣揚げも、ダイコンの味が強い高原ダイコンとだしでさっと煮てすすめる。もし煮汁がからみにくかったら、薄葛を引いてもいいだろう。［中嶋］

ハモ、塩
小イモ、だし、塩、淡口醤油
天ぷら薄衣（薄力粉200ml、卵水＊240ml）
揚げ油
オクラ
ダイコンおろし
ユズコショウ
八方だし（だし8、ミリン1、淡口醤油1）
カグラナンバン（赤）
＊卵水：卵1個と水を混ぜ合わせたもの。ここでは合計で240ml使用する。

●

①ハモを腹開きにして、骨切りをする。薄塩をあててしばらくおく。3cmくらいに切り落とす。

②小イモは米のとぎ汁で下ゆでする。吸い地くらいの味のだしで煮含める。オクラは熱湯でゆでておく。

③落としたハモと小イモに天ぷら薄衣をつけ、170℃に熱した揚げ油で揚げる。

④八方だしを熱し、おろしたダイコンとユズコショウを入れてさっと温める。ここにハモと小イモとオクラを入れて一煮立ちさせる。

⑤器に盛って、素揚げしたカグラナンバンを添える。

●鍋仕立て

# 帆立貝と山菜の貝焼

浜防風　独活　芹　破竹　芋茎
木の芽

ほたて貝

焜炉にのせて生の状態で提供する。
客席で火をつけ、
ホタテガイはできるだけ半生の状態で
食べていただく。［上野］

ホタテガイ
浜ボウフウ、セリ、ウド
ハチク、八方だし
ズイキ、八方だし、軸三ツ葉
割下（昆布だし、ホタテガイのワタとヒモ、かつお節、塩、淡口醤油、ミリン）
木ノ芽

●

①ホタテガイは殻をはずす。貝柱からワタとヒモをはずす。殻は鍋がわりに使うので、洗っておく。

②割下をつくる。昆布だしにホタテのワタとヒモを入れて火にかける。沸いたらかつお節を入れて火を止める。漉してだしをとる。塩と淡口醤油とミリンで薄めに味を調える。

③浜ボウフウとセリは食べやすい長さに切る。ウドは短冊に切る。

④ハチクはタケノコと同様、米糠と赤唐辛子を入れた水でゆでてアクを抜く。そのまま冷まし、水洗いして八方だしにつける。食べやすい長さに切る。

⑤ズイキはダイコンおろしと赤唐辛子を入れた湯でゆがく。皮をむいて、八方だしにつける。適当な長さに切って、軸三つ葉で束ねる。

⑥殻に山菜類、ハチク、ズイキ、薄切りにしたホタテガイを盛り、割下を注ぐ。刻んだ木ノ芽を添える。火を入れた焜炉にのせて提供する。

●煮物

# 三種の真丈　白菜巻

いろいろ

ハクサイをゆでて
真丈地をロールキャベツのように巻き、
それを薄く味つけしただしで炊く。
真丈地は、カキ、ズワイガニ、コバシラを
それぞれ練り込んだものを用意する。
冬が旬の野菜と魚介の組合せ。［奥田］

ハクサイ、カンピョウ、塩
カキ真丈（カキ100g、真丈地＊）
カニ真丈（ズワイガニのほぐし身100g、真丈地）
コバシラ真丈（コバシラ100g、真丈地）
地（だし、塩、淡口醤油）
＊真丈地：白身魚のすり身100g、卵の素＊卵黄1個分
＊卵の素：卵黄1個を泡立て器でよくすり混ぜ、サラダ油80mlを少量ずつ加えながら攪拌したもの。塩1gで味を調える。

●

①ハクサイを下ゆでして、水気をきる。カンピョウは、水洗いしてさっと塩もみする。流水で洗い、水からゆでる。やわらかくなったら、冷水にとり、水気を搾る。

②カキ真丈の白菜巻をつくる。鍋に湯を沸かし、カキを霜降りにして冷水にとる。水気をふき、ぶつ切りにし、真丈地の材料と混ぜ合わせる。ロールキャベツの要領でハクサイを巻く。カンピョウを結んで止める。

③カニ真丈の白菜巻をつくる。ズワイガニは下ゆでして、身をほぐす。真丈地に混ぜ合わせて、白菜巻にする。

④コバシラは生のまま、真丈地に混ぜ込む。カキ、ズワイガニと同様に白菜巻にする。

⑤白菜巻三種を蒸し器で15分間ほど蒸して、中まで火を通す。

⑥だしを火にかけ、塩、淡口醤油を加えて吸い地程度に味を調えて地をつくる。蒸した白菜巻三種を入れて、弱火で10分間ほど煮る。

⑦それぞれ、半分に切って、器に盛る。

# 揚物

●揚物

# 相メの皮パリ

オレンジ

あいなめ

アイナメの皮側のみから熱した油をかけて、
全体に火を通してゆく。
こうすると身がぱさぱさにならず、
皮をぱりっとおいしく食べていただける。［中嶋］

●
アイナメ、塩、薄力粉、揚げ油
オレンジ

●
①アイナメに塩をふる。指のすきまから塩を細かくふって薄塩をあてる。
②塩加減は写真くらいを目安に。
③脱水シートで包み、一晩程度おいて水分を抜く。
④水分が抜けた状態の上身。
⑤皮の近くに扇串を打つ。
⑥ハケで薄力粉を薄く全体にまぶす。
⑦鍋で油を高温に熱し（１８０～２００℃程度）、皮目側にかけながら火を入れる。まんべんなく火が通るようにかけまわす。
⑧最後に、さっと身側に2～3回油をかけて仕上げる。
⑨キツネ色にこんがり揚がったアイナメ。串を抜いて食べやすい大きさに切り分けて盛る。オレンジを添える。

アイナメの皮パリ揚

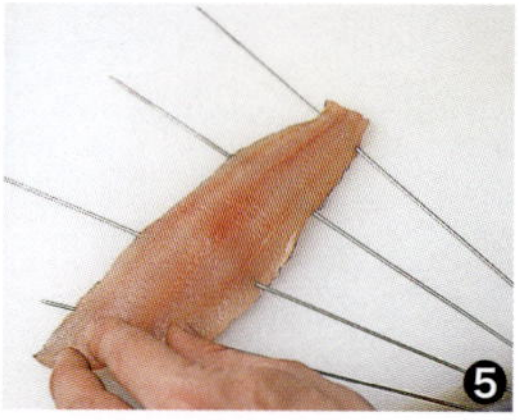


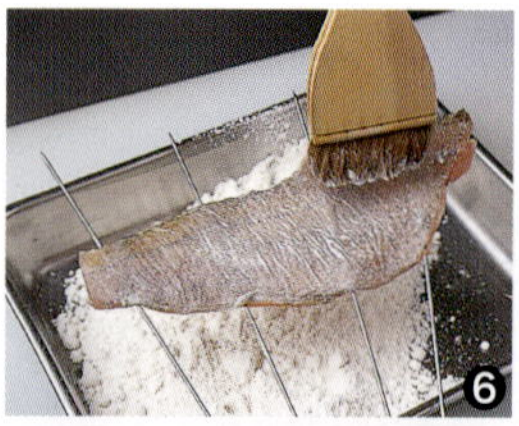

●揚物

# 遠山鮑の若草揚

## 身持空豆

あわび

アワビと肝を使って初夏の若草山に見立てた、さわやかな緑色が持ち味。衣にはソラマメを用いたが、かわりにエンドウマメやユリ根などを使ってもよい。[上野]

アワビ
アワビの肝1、白身魚のすり身1
片栗粉
衣（サヤつきソラマメ100g、卵白½個、片栗粉少量）
ソラマメ、片栗粉
エビ真丈（トビアラ3、白身魚のすり身1）
揚げ油

●

①アワビは塩をたっぷりまぶして、タワシでこすって汚れを取り除く。皮つきダイコンの輪切りをのせて強火で3時間ほど蒸す。写真は蒸し終えたアワビ。

②肝とエンペラをはずす。アワビに波形の切り目を入れる。

③肝を同量のすり身とともに裏漉しする。

④裏漉しした肝とすり身。

⑤②ではずしたエンペラ、切り落しを小さなあられに切って④に混ぜる。

⑥アワビにハケで片栗粉をまぶし、⑤を山形にこんもり盛る。

⑦盛りつけた状態。バットに入れて12～13分間蒸す。

⑧衣をつくる。ソラマメを蒸して裏漉しし、卵白、片栗粉を入れて混ぜる。

⑨でき上がった衣。

⑩蒸した⑦のアワビに薄く片栗粉をふって、衣を厚めに塗る。

⑪衣の上に片栗粉を薄くふる。貼りつかないように片栗粉をふったヘラに、アワビをのせて、中温に熱した揚げ油の中に、すべらせるように入れる。色づかないように揚げる。

⑫取り出して油を切り、食べやすい厚さに切る。

⑬身持空豆をつくる。ソラマメは生のまま2枚に割り、片栗粉をまぶす。トビアラとすり身をフードプロセッサーにかけてつくったエビ真丈を、マメの間にはさんで揚げる。

⑭遠山鮑を盛り、身持空豆を添える。

遠山鮑

❶

❷

❸

❹

❺

❻

❼

❽

❾

❿

⓫

●揚物

# 鮑唐揚　肝醤油かけ

ふり柚子

あわび

薄切りにしたアワビを唐揚にして、
ほろ苦い肝醤油で食べる。
とも和えという手法を揚物に用いたアワビの
新しい味わい方。［奥田］

アワビ、葛粉、揚げ油
肝醤油（アワビの肝2腹分（約50g）、だし50ml、白味噌15ml、卵黄1個分、濃口醤油5ml、ユズのすりおろし、黒コショウ）
ユズ

●

①アワビに塩をふり、タワシでこすり、汚れを落とす。おろし金の持ち手などを差し込んで、殻から身をはずす。身から肝をはずす。
②5mmほどの薄切りにする。すり鉢であたって裏漉し器でふるった葛粉をアワビにまぶす。180℃に熱した油で唐揚にする。
③肝醤油をつくる。生のアワビの肝を裏漉しする。
④裏漉しした肝を弱火にかけて練る。
⑤だしでのばす。
⑥白味噌と卵黄を加えてよく練る。
⑦濃口醤油で味を調える。
⑧風味づけにすりおろしたユズの皮を加える。
⑨黒コショウを挽き入れる。
⑩鮑の唐揚を器に盛り、肝醤油をまわしかける。すりおろしたユズの皮をふる。

アワビの下処理

肝醤油

●揚物

# 真子鰈の唐揚

紅葉おろし　酸橘
山椒塩

かれい

マコガレイの骨と身の両方を食べやすいように分けて揚げた。とくに頭の部分は二度揚げして充分に火を入れること。［中嶋］

●

マコガレイ　1尾（200g）
大葉　2枚
片栗粉　適量
サラダ油　適量
紅葉おろし
スダチ
山椒塩
天つゆ＊（だし6、濃口醤油1、ミリン1）
＊天つゆ：だしを熱し、濃口醤油、ミリンで味を調えて一煮立ちさせる。

●

①マコガレイをさばく。まず表面の黒い側の身をおろす。エラのつけ根を包丁で断つ。尾ビレのつけ根に切り目を入れて、腹ビレに沿って包丁目を入れる。
②逆さ包丁にして頭に沿って斜めに切る。
③背ビレに沿って包丁目を入れる。
④腹ビレ際の包丁目から中骨に沿って包丁の切っ先で身をおろす。背骨を越えて背側の身もおろす。
⑤裏面の白い側にも②〜③と同様に包丁目を入れる。
⑥背ビレ際の包丁目から中骨に沿って包丁の切っ先で身をおろす。背骨を越えて腹側の身もおろす。
⑦腹骨のつけ根を逆さ包丁ではずしたのち、薄くそぎ取る。
⑧丸めたフキンの上にカレイをのせて切り目を入れる。こうすると身の端を切り落とさずにきれいに包丁目を入れることができる。

## マコガレイのさばき方

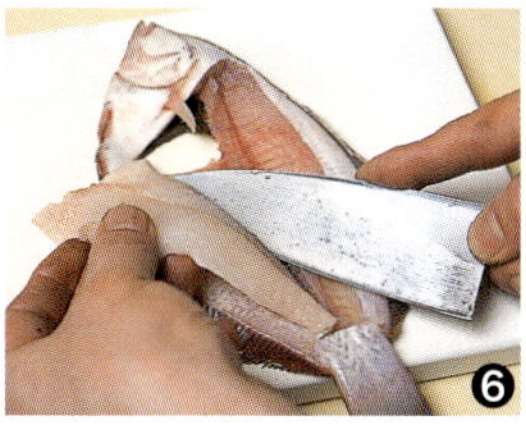

## 唐揚

⑨白い皮側にも同様にして包丁目を入れる。

⑩糊がわりに身側に脱脂綿で片栗粉をまぶす。皮側にはつけなくてよい。

⑪大葉を1枚敷いて、尾のほうから巻き込む。

⑫端を楊枝で止める。

⑬骨身の両側に片栗粉をまぶす。

⑭サラダ油を160～170℃に熱する。骨身の尾ビレを手で持ち、頭の部分だけを先に揚げる。裏面の白い側が盛りつけ時に表になるので、こちらを上にして揚げる。

⑮箸で全体に丸みが出るように押しながら、弓なりになるように揚げる。気泡が小さくなってきたら揚げ上がり。

⑯身を揚げる。全体がほんのりキツネ色になるように仕上げる。

⑰骨身を再び油に入れて二度揚げする。

⑱油を切って盛りつける。紅葉おろしと山椒塩、スダチを添える。別に天つゆを添える。

# 油目と蝦真丈の双身揚　浜納豆餡

こしあぶらと蓬麩
実山椒

あいなめ
とびあら

●揚物

## 叩き海老湯葉包み揚

酸橘

えび

●揚物

## 海老芋の唐揚　車海老の餡かけ

あられ柚子

えび

●揚物

# 油目と蝦真丈の双身揚
## 浜納豆餡

アブラメはアイナメの関西での呼び方。ここでは浜納豆を使った味噌味の餡を合わせたが、薄めに味を調えた天だしでも合う。またアオサ海苔を混ぜ込んだ銀餡でも合う。［上野］

アイナメ、塩、薄力粉
トビアラのすり身（トビアラのむき身、塩、ヤマイモのすりおろし各少量）
揚げ衣（卵白100ml、水100ml、片栗粉50g、コーンスターチ100g）
コシアブラ
ヨモギ麩
天ぷら薄衣（薄力粉・卵水各適量）、揚げ油
浜納豆餡（浜納豆裏漉し50g、赤味噌50g、砂糖5ml、だし90ml、葛粉適量）
実ザンショウ

●

①アイナメは三枚におろし、薄塩をあててしばらくおく。かたい小骨をていねいに抜いたのち、骨切りの要領で細かく包丁目を入れる。ハモの骨切りより少し厚めに。

②糊がわりに薄力粉をまぶし、トビアラのすり身（↓156頁伊勢海老と飛荒の味噌ソース・つくり方③～④）をつけて、160℃に熱した揚げ油で揚げて油をきる。切り口が美しく見えるよう適宜に切る。

③コシアブラとヨモギ麩は適宜に切り、天ぷらの薄衣（ゆるい衣）をつけて揚げる。

④浜納豆餡を流し、アイナメ、コシアブラ、ヨモギ麩を盛り合わせる。実ザンショウを添える。浜納豆餡は、裏漉しした浜納豆、赤味噌、砂糖、だしを合わせて火にかけ、水で溶いた葛粉を加えてとろみをつけたもの。

●揚物

# 叩き海老湯葉包み揚

食感を残して粗めに叩いたエビを湯葉で包んだ揚物。柑橘類を使った酢、リキュール、唐辛子、果汁を合わせたたれが決め手。揚げたての熱々をたれにくぐらせる。［中嶋］

エビの種（無塩むきエビ200g、卵白½個、片栗粉大さじ½、玉ネギみじん切り¼個分、塩・コショウ各少量）
中揚げ湯葉＊、卵白
揚げ衣（水1、溶き卵1、薄力粉1）、揚げ油
たれ（ポン酢1、コアントロー1、ユズ唐辛子＊1、レモン果汁少量）
スダチ

＊中揚げ湯葉：薄ユバを乾燥させたもの。水に2～3分間ひたして使用する。生ユバよりも破れにくいので揚物に向く。揚げるとぱりぱりとする。湯葉専門店で購入できる。築地・角山本店（℡03-3541-8184）では「中揚げ湯葉」という商品名で販売。

＊ユズ唐辛子：赤唐辛子とユズを発酵させてつくった調味料。鍋の薬味としておもに使われる。商品名「ゆず唐がらし」。問合せは、ユウキ食品㈱（℡042-442-0801）。

●

①エビの種をつくる。むきエビは背ワタを取り除き、包丁で粗めに叩く。塩、コショウ、卵白、片栗粉、みじん切りの玉ネギを混ぜ合わせる。

②中揚げ湯葉でエビの種を細長く巻き、卵白で端を止める。

③揚げ衣にくぐらせて、低温（160℃）の揚げ油で色よく揚げる。油をきって、たれにくぐらせ、盛りつける。スダチを添える。

●揚物

# 海老芋の唐揚
## 車海老の餡かけ

エビイモを唐揚にして、クルマエビの餡をかけた語呂のよい組合せ。餡のだしは、エビの頭でとる。下炊きをしたエビイモを揚げると、ほくほくとした甘みを引き出すことができる。［奥田］

エビイモ、米のとぎ汁、だし、塩、淡口醤油、昆布
葛粉、揚げ油
クルマエビ、エビだし（だし２００㎖、クルマエビの頭1尾分）、塩、
淡口醤油、だし溶き葛粉
ユズ

●

①エビイモは皮をむき、太い部分は四つ切りにする。細い部分はそのままでよい。切ったら、面取りをする。
②皮をむいたエビイモを米のとぎ汁で下ゆでする。ゆでこぼし、水でヌメリを洗い流す。
③だしに昆布と下ゆでしたエビイモを入れ、一煮立ちさせる。塩、淡口醤油を加えて味をつけ、15分間ほど煮て、味を含ませる。
④エビイモに葛粉をまぶし、１８０℃に熱した油で表面がかりっとするまで揚げる。
⑤クルマエビを塩ゆでし、冷水にとる。頭と殻を取り除く。
⑥エビだしをとる。だしとゆでたクルマエビの頭を合わせ、10分間ほど煮る。アクが出たらその都度すくい、アクが出なくなったら漉す。
⑦鍋にエビだしを入れ、塩、淡口醤油で味をつける。ゆでたエビを一口大に切って加える。沸いたら、だしで溶いた葛粉を加えて餡にする。
⑧揚げたてのエビイモを器に盛り、クルマエビの餡をかける。あられユズを散らす。

●揚物

## 桜海老真丈の天婦羅

たらの芽
天然塩

えび

●揚物

## 芝海老の小袖揚

空豆　たらの芽　こごみ
抹茶塩

えび

●揚物

## 隈海老と鮑の揚物
## 焼目酒盗百合根仕立

無花果　芽葱

えび
あわび

●揚物

## 桜海老をまとった虎魚の天婦羅

行者大蒜

えび
おこぜ

●揚物

## 桜海老真丈の天婦羅

サクラエビをペーストにして
真丈地をつくり、
具としても練り込む。
その香り高い真丈を天婦羅にした。
かりっと揚がった衣と、
その中のふんわりとした真丈の
食感の違いをたのしんでもらう。［奥田］

桜海老の真丈地（生のサクラエビ５００g、白身魚のすり身５００g、卵の素＊卵黄２個分）
タラノ芽
天ぷら衣（薄力粉１５０ml弱、卵黄１個分、水１５０ml）、揚げ油
天然塩
＊卵の素：卵黄２個分、サラダ油１６０ml、塩２g

●

①生のサクラエビのヒゲをとる。半量をフードプロセッサーに入れ、なめらかになるまでまわす。
②①に白身魚のすり身と卵の素を加えて、まわす。しっかり混ざったら取り出し、①で残しておいた生のサクラエビ半量を加えて混ぜる。
③②の真丈地を丸にとり、蒸し器で中まで火を通し、冷ましておく。
④天ぷら衣を用意する。卵黄を水で溶き、薄力粉を加える。薄力粉は市販の中濃ソースくらいの濃度になるように調整して加える。
⑤粗熱のとれた③の真丈を天ぷら衣にくぐらせ、１８０℃に熱した油で揚げる。同様にタラノ芽も天ぷら衣をつけて揚げる。
⑥器に桜海老の真丈とタラノ芽の天ぷらを盛る。天然塩を添える。

●揚物

## 芝海老の小袖揚

小ぶりにつくった料理を小袖と呼ぶ。
シバエビを叩いて
水溶き薄力粉と合わせるが、
この割合がポイント。
薄力粉を増やすとふんわりと仕上がり
春霞のようになるが、
シバエビの存在感も大事にしたい。
やわらかくて粘りのある状態に調える。
［中嶋］

シバエビ、水溶き薄力粉
葛粉、色粉、塩
ソラマメ
タラノ芽
コゴミ
天ぷら薄衣（薄力粉・卵水各適量）、揚げ油
抹茶塩

●

①シバエビは頭と殻をはずして身を叩き、裏漉しする。水溶き薄力粉を加えてすり混ぜ、ふんわりした状態に調整する。
②少量の色粉を混ぜた葛粉、塩少量を①に加えて混ぜ、桜色に仕上げる。
③ソラマメの皮をむく。②を小さく丸め、ソラマメを差し込んで、１４０～１５０℃に熱した揚げ油で揚げる。
④タラノ芽とコゴミを掃除し、天ぷら薄衣にくぐらせて、１４０～１５０℃に熱した油で揚げる。
⑤小袖揚と山菜を盛り合わせる。抹茶塩をふる。

●揚物

# 隈海老と鮑の揚物　焼目酒盗百合根仕立

クルマエビの1種である
クマエビとアワビを白染揚にした。
酒盗餡は、弱い火加減の湯煎で
じっくり時間をかけて混ぜながら
卵のくさみを取り除くこと。［上野］

クマエビ
アワビ
イチジク
白染衣（コーンスターチ3、片栗粉1、卵白2、水2）
揚げ油
酒盗餡（カツオ酒盗20g、卵黄5個、煮切り酒適量）
ユリ根、メレンゲ
芽ネギ

●

①クマエビ（クルマエビの一種）は、脚をつけたまま、味噌が落ちないように頭の甲羅をはずす。尾から1関節残して殻をむく。
②アワビは塩みがきして殻と肝をはずし、そぎ切りにする。
③エビとアワビを白染衣にくぐらせ、２００℃の揚げ油でさっと揚げる。イチジクも同様にして揚げる。
④酒盗餡をつくる。卵黄にカツオ酒盗を混ぜ、煮切り酒でのばして湯煎にかける。卵くささが抜けるまで約2時間ほどかけて練る。これを裏漉しする。
⑤ユリ根を蒸して裏漉しする。酒盗餡とユリ根の裏漉しを同量ずつ合わせて、メレンゲ（完全に泡立てた卵白）でかたさを調整する。
⑥器に⑤の酒盗百合根を流し、焼き目をつける。上に揚げたてのエビとアワビ、イチジクを盛り、芽ネギを散らす。

●揚物

# 桜海老をまとった　虎魚の天婦羅

淡泊な肉質のオコゼに、
濃厚な香りと旨みを持つ
サクラエビの入った衣をまとわせる。
オコゼのカマやヒレ、尾の身は唐揚にすると、
ゼラチン質がぷるぷるになり、美味。［奥田］

オコゼ、葛粉
生のサクラエビ、天ぷら衣（薄力粉１５０ml弱、卵黄1個分、水１５０ml）、揚げ油
行者ニンニク

●

①オコゼを三枚におろす。さく取りして、一口大に切る。カマ、中骨、尾はとっておく。
②生のサクラエビのヒゲを取り除く。フードプロセッサーにかけて、なめらかにする。天ぷら衣とサクラエビを、1対1の割で合わせる。
③一口大に切ったオコゼをサクラエビの天ぷら衣にくぐらせ、１８０℃に熱した油で揚げる。中心にほんの少し生っぽさが残る程度に火を通すとジューシーでおいしい。
④オコゼのカマ、中骨、尾に葛粉をまぶし、ぱりぱりになるよう、低温でじっくりと揚げる。
⑤皿に、オコゼの天ぷら、揚げたオコゼのカマと中骨を盛る。天ぷら衣をつけて１８０℃に熱した油で揚げた行者ニンニクを添える。

●揚物

## 目板鰈、エリンギ、アスパラガス
## そば粉揚

大根おろし　青海苔
天つゆ

かれい

●揚物

## 鱸のおかき粉揚

アボカド　ベビーコーン
酸橘
ちり酢餡

すずき

●揚物

# 鯛ピリ辛揚

獅子唐
針葱　七味唐辛子

たい

●揚物

# 目板鰈、エリンギ、アスパラガスそば粉揚

カレイは、揚げるとふんわりとする。エリンギダケ、アスパラガスなどの繊維質の多い野菜を合わせて、食感にメリハリを出した。そば粉をつけて揚げると、葛粉よりもからっと軽やかな揚げ上がりになる。［奥田］

メイタガレイ、エリンギダケ、アスパラガス
そば粉、揚げ油
天つゆ（だし６、濃口醤油１、ミリン１）
ダイコンおろし１、生青海苔１

●

①メイタガレイを五枚におろす。身に蛇腹包丁を入れる。まずは、皮目から繊維に対して斜め45度の方向に切り目を入れる。深さは５㎜、間隔は２㎜ほど。裏返して同様に切り目を入れる。

②アスパラガスは穂の部分を残して皮をむき、カレイの幅に合わせて切る。エリンギダケは縦四つ割りにする。

③メイタガレイでアスパラガス、エリンギダケを巻く。金串を刺し、そば粉をまぶす。金串を刺したまま、１８０℃に熱した油で揚げる。

④メイタガレイの骨身を、１５０℃に熱した油で、ぱりぱりになるまでじっくり揚げる。

⑤天つゆの材料を合わせて沸かす。ダイコンおろしと生青海苔を同割で合わせる。

⑥③が揚がったら、金串を抜き、骨身の素揚げとともに器に盛る。ダイコンおろしと青海苔を合わせたものを添え、天つゆを別に添える。

●揚物

# 鱸のおかき粉揚

スズキにおかき粉をつけて唐揚にした。おかき粉は、あらかじめ味がついているため、白身魚の淡泊な旨みを引き出してくれる。スズキ以外の白身魚を使ってもよいが、つけ合せにする野菜は、魚と同時期に旬を迎えるものを。［奥田］

スズキ、塩、おかき粉（柿の種）
アボカド、ベビーコーン、おかき粉（柿の種）
揚げ油
ちり酢餡（ちり酢＊、葛粉、酒）
スダチ
＊ちり酢：ダイコンおろし１本分、青ネギ２００g、レモン果汁５個分、煮切り酒９００ml、濃口醤油30ml、たまり醤油１００ml、一味唐辛子適量

●

①スズキを三枚におろす。胸ビレは残し、尾ビレははずして取っておく。

②皮目に１㎜間隔で包丁を入れる。深さは５㎜ほど。肩口から、２～３㎝幅に切り分ける。

③おかきをすり鉢などで砕き、目の細かい裏漉し器でふるってスズキにまぶす。１８０℃に熱した油でからっと揚げる。

④アボカドは、縦に八つ割りにする。アボカドとベビーコーンにおかき粉をまぶし、同じく１８０℃に熱した油でからっと揚げる。

⑤材料をすべて合わせてちり酢をつくり、火にかける。ちり酢が熱くなったら、酒溶きの葛粉を加えてとろみをつけて餡とする。

⑥器にスズキ、アボカド、ベビーコーンを盛り、くし形切りにしたスダチを添える。熱いちり酢は別皿に出して添え、まわしかけて食べてもらう。

●揚物

# 鯛ピリ辛揚

タイに限らず
ヒラメやタラなどにかえれば、
季節を問わず献立に組み込むことができる。
添えの野菜で季節感を表現する。［中嶋］

タイ、塩
薄力粉、揚げ衣（薄力粉２００g、片栗粉１００g、水５００ml、ベーキングパウダー20g）
揚げ油
ピリ辛だれ（白玉味噌＊１５０g、豆板醤5ml、ゴマ油15ml、濃口醤油15ml、ミリン15ml、砂糖15ml）
シシトウ
針ネギ、七味唐辛子
＊白玉味噌：漉し白味噌2kg、酒９００ml、卵黄6個分を弱火にかけて30分間ほど練り上げる。

●

①タイは三枚におろし、上身にする。
②薄塩をあて、薄力粉をまぶす。揚げ衣をつけ、１８０℃に熱した揚げ油でからりと揚げる。同じ衣をつけてシシトウを揚げる。
③ピリ辛だれをつくる。ゴマ油を熱し、豆板醤を入れて香りを出す。白玉味噌、濃口醤油、ミリン、砂糖を合わせて火にかけて練る。
④揚げたてのタイを盛り、ピリ辛だれをかける。揚げたシシトウを添える。針ネギを天に盛り、七味唐辛子をふる。

●揚物

# 真鱈白子琥珀揚

白髪葱　浅葱

たら

白子はあらかじめ昆布だしで炊いてあるので、揚げるときは焼麩に香ばしい色がつけばよい。衣が破裂しないように注意する。［中嶋］

マダラの白子、塩水、昆布だし
片栗粉、溶き卵、すりおろした焼麩
揚げ油
餡（だし12、濃口醤油1、ミリン1、葛粉適量）
白髪ネギ
アサツキ

●

①白子は汚れやスジを切り取り、海水よりも低い濃度の塩水に1時間ほどつける。

②塩水から取り出して水洗いをしたのち、一口大に切り分け、熱した昆布だしでさっと炊き、地から上げておく。

③片栗粉をまぶし、溶き卵（全卵）にくぐらせ、粉末状にすりおろした焼麩をまぶして、１８０℃に熱した揚げ油で焼麩がキツネ色に色づく程度に揚げて油を切る。

④餡をつくる。だしを熱し、ミリン、濃口醤油で天つゆよりも薄めに味を調え、水で溶いた葛粉を入れてとろみをつける。濃口醤油の味をきかせる。

⑤白子を器に盛り、餡をかける。白髪ネギとアサツキの小口切りを添える。

●揚物

## 地蛤磯辺天婦羅

空豆
大根おろし　生姜　天つゆ

はまぐり

●揚物

## ふぐ蓑虫揚

酸橘

ふぐ

フグに薄力粉をまぶし、卵白にくぐらせて、揚げたジャガイモをまぶす。

●揚物

# 地蛤磯辺天婦羅

地ハマグリに生の青海苔入りの衣をつけて
天婦羅にした。
衣はかりっとして、
中のハマグリはやわらかな弾力があり、
ほおばると貝のエキスがあふれ出す。
この旨みを味わえるのは、
大ぶりな国産のハマグリだからこそ。
衣に加えた生の青海苔が、
磯の香りを際立たせる。［奥田］

ハマグリ、水8、酒2、昆布5㎝幅
生青海苔、天ぷら衣（薄力粉150ml弱、卵黄1個分、水150ml）、
揚げ油
ソラマメ
天つゆ（だし6、濃口醤油1、ミリン1）
ダイコンおろし、おろしショウガ

●

①鍋に水、酒、昆布を入れ、ハマグリを入れて火にかける。口が開いたら、火からおろし、むき身にする。
②天ぷら衣を用意する。卵黄を水で溶き、薄力粉を加える。薄力粉を加えて市販の中濃ソースくらいの濃度になるように調整する。そこに、生青海苔を加えて混ぜる。
③ハマグリを青海苔の天ぷら衣にくぐらせ、180℃に熱した油で揚げる。ソラマメは薄皮をむき、ハマグリと同様に天ぷらにする。
④天つゆをつくる。
⑤ハマグリの天ぷらは食べやすい大きさに切り、ソラマメの天ぷらと器に盛る。ダイコンおろし、おろしショウガの水気をそれぞれ軽く搾り、丸めて添える。天つゆを別に添える。

●揚物

# ふぐ蓑虫揚

極細いせん切りにした
ジャガイモやクワイなどを下揚げして
素材にまとわせた揚物を
蓑揚もしくは蓑虫揚という。
ここでは、ジャガイモをせん切りにし、
フグの身にまぶしつけて揚げた。
フグの歯ごたえと
ジャガイモの歯ざわりが好相性。［奥田］

フグ
ジャガイモ（メイクイーン）、薄力粉、卵白
揚げ油
塩、スダチ

●

①フグをさばいて上身にする。
②ジャガイモをせん切りにして10分間水にさらす。
③水にさらしたジャガイモを160℃に熱した油で色づかない程度に下揚げする。
④フグの身を食べやすい大きさに切る。フグに薄力粉、卵白、下揚げしたジャガイモを順にまぶしつける。170℃に熱した油で、中に火が通るまでじっくり揚げる。塩をふって器に盛り、くし形に切ったスダチを添える。

# 蒸物

●蒸物

# 穴子白和え蒸

山葵

あなご

煮穴子に野菜の白和えを抱き込ませて蒸す。熱を通すとアナゴはふんわりとやわらかくなり、白和えはむっちりと固まる。単品でも料理として成立する品をあえて合わせた贅沢な一皿。組合せの意外性も面白い。［奥田］

アナゴ5匹（1匹あたり250g）、地（酒1・8リットル、水1リットル、濃口醤油150ml、砂糖100g、たまり醤油10ml）、酒溶き葛粉
白和え衣（木綿豆腐1丁、吟醸酒22・5ml、淡口醤油3ml、濃口醤油2・5ml、ミリン1・5ml、砂糖1・5g、塩0・5g）
ユリ根
ワラビ、地（だし8、淡口醤油1、ミリン1）
キクラゲ
ソラマメ、吸い地（だし、塩、淡口醤油）
おろしワサビ

●

①アナゴを背開きにする。生ぐささやヌメリを取るため、熱湯をかける。
②火が入りすぎないよう、氷水にとる。
③包丁でこすって表面のヌメリをこそげる。
④鍋に酒と水を入れ、上身にしたアナゴを入れて強火にかける。沸いてから8分間、強火のままアクをすくい続ける。弱火にして、濃口醤油、砂糖、たまり醤油で味を調え、5〜10分間煮含める。火からおろし、煮汁ごと冷ます。写真は煮終えて冷ました状態。
⑤白和えの具を準備する。ソラマメは薄皮をむいて、一煮立ちさせた吸い地に入れたらすぐに鍋を火からおろし、鍋ごと氷水にあてる。キクラゲは水で戻し、せん切りにする。ユリ根は鱗片にばらし、塩ゆでする。ワラビは灰でアク抜きしてから炊く（→63頁鰆のたたきオレンジのポン酢ジュレ）。
⑥白和え衣をつくる。木綿豆腐を水切りして、フードプロセッサーにかけてなめらかにする。
⑦吟醸酒でのばす。淡口醤油、濃口醤油、ミリン、砂糖、塩で味を調える。ユリ根、ワラビ、キクラゲ、ソラマメを混ぜて白和えをつくる。
⑧煮アナゴの中央より少し左寄りの位置（写真では向かって右寄り）に、白和えをのせる。
⑨アナゴを二つ折りにして抱き込ませる。
⑩蒸し器で8〜10分間蒸す。
⑪蒸したアナゴを皿に盛る。アナゴの煮汁を酒溶き葛粉で餡にし、上からまわしかける。すりおろしたワサビを天に盛る。

下ごしらえと
白和え蒸

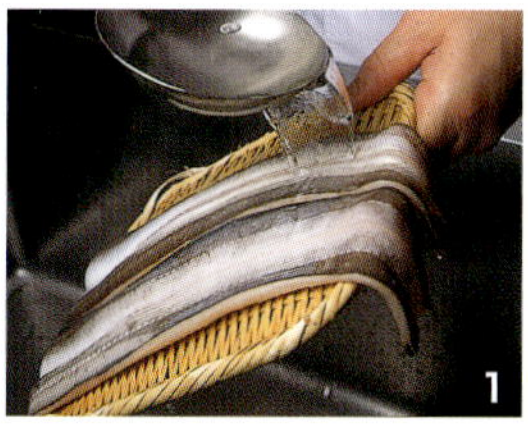
1

2

3

4

5

6

7

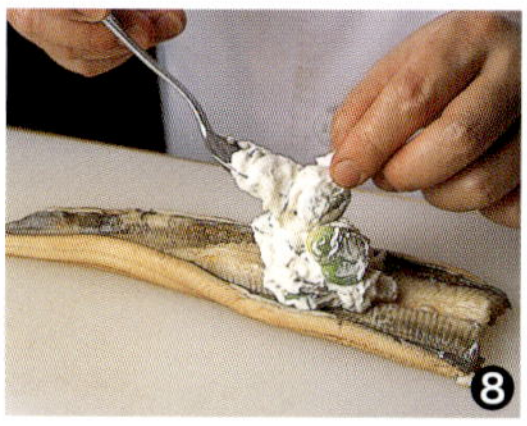
8

9

●蒸物

# 鰻の巻繊蒸

青葱　針生姜　木の芽

うなぎ

ウナギの巻繊蒸に、
香ばしく焼いた半助でとっただしを餡にしてかけた蒸物。
だしをとるさいに青ネギをたっぷり使って、
半助のくせをやわらげ、だしに甘みと旨みを与えた。[上野]

ウナギ　2尾
焼だれ　適量
片栗粉　適量
巻繊地（水切りした木綿豆腐100g、すり身30g、ヤマイモのすりおろし10g、卵白10g、キクラゲ・キヌサヤエンドウ・ニンジン・だし各適量）
ウナギだし（半助2尾分、だし270ml、青ネギ1束、淡口醤油・濃口醤油・ミリン各適量）、葛粉適量
ショウガ　木ノ芽

●

①巻繊地をつくる。水で戻したキクラゲ、キヌサヤ、ニンジンを細切りにしてだしでさっと炊いておく。

②水切りした木綿豆腐をすり鉢でする。すり身とヤマイモのすりおろし、卵白を混ぜる。

③キクラゲ、キヌサヤ、ニンジンを加えて合わせる。

④ウナギは腹開きにしてさばき、串を打って地焼にする。２回焼だれをかけて焼き上げる。串を抜いてラップフィルムを敷いた巻き簾の上に皮目を上に向けてのせ、ハケで片栗粉をまぶす。

⑤巻繊地を半量ほど手前のウナギにのせる。

⑥ラップフィルムを使って巻く。

⑦巻き簾でくるくると巻いて、ラップフィルムの端を絞って止める。巻き簾の端を竹皮の紐で結わく。弱火で20分間ほど蒸す。

⑧ウナギだしをとる。こんがりと焼いた半助とだしを鍋に入れて火にかける。

⑨だしがふつふつと沸いてきたら、ラップフィルムで束ねた青ネギを入れる。沸いてきたら淡口醤油、濃口醤油、ミリンを入れて味を調える。ネギにとろみが出るまで煮る。

⑩ウナギだしを漉す。

⑪ウナギだしを再び火にかけ、水で溶いた葛粉を入れてとろみをつけて餡とする。

⑫蒸し上がった巻繊蒸を切り出して盛る。青ネギを切って添える。熱々の餡をかけ、針ショウガと木ノ芽をあしらう。

巻繊蒸

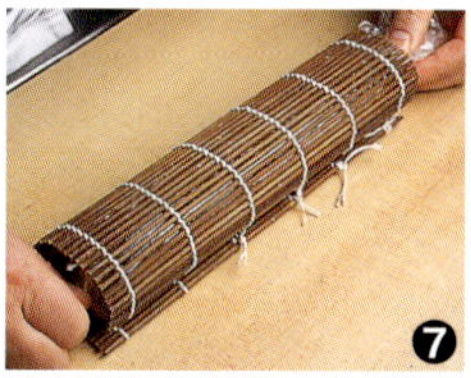


ウナギだしと餡

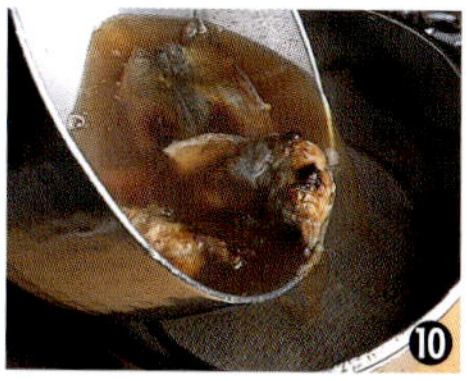

●蒸物

# 白子の茶碗蒸

鞘巻海老　牡蠣　帆立貝
糸葱　加減ポン酢　一味

いろいろ

ホタテ、カキ、エビなどがぎっしり入った白子の茶碗蒸。
茶碗蒸の蒸し器の温度が高すぎると、巣が入ってしまうので注意する。［上野］

フグの白子　400g
だし
ホタテガイ、カキ、エビ
白子を炊いただし　200ml
卵白　200ml
加減ポン酢（ポン酢1、だし1、煮切りミリン少量）
青ネギ
一味唐辛子

●

①熱湯にくぐらせて霜降りした白子を鍋に入れ、だしを注ぐ。
②火にかけて白子に火を通す。白子をだしから取り出して、おか上げする。だしは取りおく。
③ホタテガイを半分に切る。カキは殻から取り出して掃除する。エビは目先のツノを切って、尾から1関節残して殻をむく。胴に切り目を入れて、尾を通して、くるりと丸く形を整える。これを茶碗に入れる。
④白子の熱がとれたら裏漉しする。
⑤裏漉した白子に、炊いただしを合わせ、コシを切った卵白を入れてよく混ぜる。
⑥茶碗に⑤を流し入れ蒸し器で蒸す。
⑦最初は強火で蒸し、熱くなってきたら中火に落として蒸す。約12分間で蒸し上がる。
⑧加減ポン酢を上から流し、細く切った青ネギを天に盛り、一味唐辛子をふる。

白子の茶碗蒸地

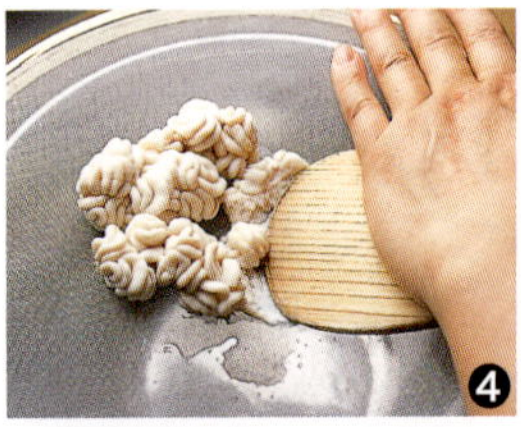

●蒸物

# 黒目張と山菜おこわの蕗葉包み蒸

浜防風　梅鰹　きゃら蕗

めばる

クロメバルは春から夏に旬を迎える白身魚。山菜おこわを詰めて大きなフキの葉で包んで蒸した。メバルのかわりにタイなどさまざまな魚で応用できる。メバルにはこのほか体色の赤いアカメバルもある。［上野］

クロメバル
塩
山菜おこわ（もち米、ネマガリダケ、ワラビ、ゼンマイなどの山菜、だし、淡口醤油、ミリン）
浜ボウフウ
梅鰹（梅干し、かつお節）
きゃら蕗（フキ、サラダ油、たまり醤油、濃口醤油、砂糖、ミリン、白ゴマ）

●

①クロメバルは背ビレ際から包丁を入れ、中骨と身を切りはずしていく。
②腹側の身まで包丁を入れて、完全に中骨を切りはずす。腹骨のつけ根を断ち切る。
③表裏を返し、片側の身も同様にして中骨をはずす。腹の皮1枚を残すくらいまで深く開く。頭のつけ根の中骨を断ち切る。
④尾ビレのつけ根の中骨を断ち切る。
⑤中骨を包丁の刃元でしっかり押さえ、中骨を抜く。
⑥腹骨を骨抜きで抜く。
⑦山菜おこわを詰める。山菜おこわは、アク抜きをし、淡口醤油とミリンで味をつけただしで煮た山菜を、炊いたおこわに混ぜてつくる。おこわは、もち米を淡口醤油とミリンを加えただしで炊く。
⑧水でぬらしたフキの葉を広げて包む。
⑨竹の皮を細く裂いて結わく。15分間ほど蒸す。包んだまま供する。束ねた浜ボウフウ、梅鰹、きゃら蕗を添える。なお、梅鰹は梅干しとかつお節をすり混ぜたもの。きゃら蕗のつくり方は以下の通り。板ずりしたフキをさっと熱湯でゆがき、スジをむく。食べやすく切りそろえ、サラダ油でさっと炒め、たまり醤油、濃口醤油、砂糖で佃煮のように炊き上げて、仕上がりにミリンを加えて艶を出し白ゴマをまぶす。

蕗葉包み蒸

●蒸物

## 尼鯛湯葉蒸　淡口醤油のべっ甲餡掛け

山葵

あまだい

●蒸物

## あん肝、あんこう柳身、大根の博多べっこう餡かけ

姫蕪
あられ柚子

あんこう

蒸物

# いとより鯛実そば蒸

生姜　浅葱

いとより
えび

●蒸物

# 尼鯛湯葉蒸
## 淡口醤油のべっ甲餡掛け

アマダイは焼かずに昆布と酒で
蒸し上げたほうが、
湯葉の食感と合う。
焼くとどうしても表面が乾いて
固くなってしまうので
一緒に食べづらくなる。［中嶋］

アマダイ、塩
昆布、酒
引き上げ湯葉
ユリ根
餡（だし、淡口醤油、ミリン、葛粉）
おろしワサビ

●

①アマダイを三枚におろし、上身にする。塩をして２時間おく。食べやすい大きさのそぎ切りにする。
②バットに昆布を敷き、アマダイをのせて酒を適量ふりかけ、蒸し器に入れて、五割程度まで火を入れる。
③引き上げ湯葉と、ばらして蒸し上げたユリ根を混ぜ合わせ、アマダイをおおうようにたっぷりのせて、再度蒸す。
④餡をつくる。だしを熱し、淡口醤油とミリンで味を調える。水で溶いた葛粉を加えて、薄くとろみをつける。
⑤蒸したてのアマダイを器に盛り、その上に熱々の餡をかけ、おろしワサビを天に盛る。

●蒸物

# あん肝、あんこう柳身、
## 大根の博多　べっこう餡かけ

アン肝、アンコウの柳身、
ダイコンと冬の風物を重ねて
博多にした蒸物。
淡くやさしい味のアンコウの身と
ダイコンに、
旨みの強いアン肝がよく合う。［奥田］

アン肝
アンコウの柳身、塩、酒
ダイコン、地（だし、塩、淡口醤油、昆布）
べっこう餡（だし１００ml、濃口醤油５ml、ミリンほんの少量、だし溶き葛粉）
姫カブ、塩
ユズ

●

①アン肝を蒸す。蒸し方は、12頁（あん肝角煮）を参照。
②上身にしたアンコウに、塩をして10分間おく。酒をふって、蒸し器で火が通るまで10分間ほど蒸す。
③ダイコンは皮を厚めにむき、５㎝厚さに切りそろえて面取りする。米のとぎ汁で下ゆでし、中心まで火が通ったら、ザルに上げて水洗いする。鍋にだしをはり、ダイコン、昆布を入れて一煮立ちさせる。塩、淡口醤油で吸い地程度に味を調え、弱火で20分間煮る。
④器に、下からダイコン、アン肝、アンコウの柳身、アン肝、柳身の順に重ねて博多にする。塩ゆでした姫カブをのせる。
⑤だしを熱し、濃口醤油、ミリンを加えて味を調え、だし溶き葛粉でとろみをつけてべっこう餡とする。
⑥④にべっこう餡をまわしかけ、天にあられユズを散らす。

●蒸物

# いとより鯛実そば蒸

淡泊で繊細な味わいのイトヨリダイに、香りの高いサクラエビとソバの実を合わせた。風味の豊かさに加え、ボリューム感を演出することもできる。

［奥田］

イトヨリダイ、塩、酒
ソバの実１８０ml、ツクネイモのすりおろし約50g、生サクラエビ適量
そばつゆ（二番だし8、濃口醤油1、ミリン1）
おろしショウガ、アサツキ

●

①イトヨリダイを三枚におろして、皮目に細かく包丁を入れる。塩をあてて、30分間ほどおく。

②イトヨリダイに酒をふり、蒸し器で5分間酒蒸にする。

③ソバの実を中火で20分間ゆでる。ゆで上がったら、流水にさらしながらもみ洗いし、籾殻を取り除く。

④ツクネイモの皮をむき、すりおろす。そこに、ヒゲを取り除いた生のサクラエビとゆでたソバの実を加える。

⑤蒸したイトヨリダイの上に④をふんわりとかける。中火にかけた蒸し器で5～8分間蒸す。

⑥イトヨリダイを器に盛り、上からそっとそばつゆをまわしかける。そばつゆは、材料をすべて合わせて沸かしたもの。おろしショウガを天に盛り、小口切りにしたアサツキを散らす。

●蒸物

## 筍の烏賊真丈　木の芽味噌クリーム

いか

●蒸物

## 虎魚の白子真丈蒸焼　美味出汁仕立て

軸れん草　肝　胃　巻湯葉
緑白糸葱　酸橘

おこぜ
ふぐ

●蒸物

# 甲羅にて渡り蟹の霙蒸　銀餡と共子の酒盗添え

かに

①真丈の材料。左上から時計回りにほぐしたカニの身、せん切りのキクラゲ、ユリ根、白身魚すり身。

②だしをとり終えた甲羅に写真程度の量の真丈を詰める。この状態でさっと蒸して温める。

③上に、布漉しした卵白、塩を加えたカブのすりおろしをのせる。火が通る程度にさっと蒸す。

●蒸物

# 筍の烏賊真丈
## 木の芽味噌クリーム

イカの真丈にタケノコを混ぜ込んだ蒸物。
木の芽味噌クリームは、
火にかける時間をなるべく短くして
手早く仕上げないと、
色が飛んでしまう。［上野］

烏賊真丈（イカ200g、白身魚のすり身70g、ヤマイモのすりおろし少量、卵白少量、塩少量）
タケノコ、だし適量
木の芽味噌（木ノ芽2パック、白田楽味噌150g、白味噌50g、青寄せ適量）
木の芽味噌クリーム（木の芽味噌50g、だし180ml、生クリーム・オリーブ油各適量）

●

①烏賊真丈をつくる。フードプロセッサーでイカをすり身にする。すり鉢に移し、白身魚のすり身、ヤマイモのすりおろし、卵白、塩をすり混ぜて、烏賊真丈をつくる。

②タケノコは米糠と赤唐辛子を加えた水でゆでてアクを抜いたのち、だしで煮て味を含めておく。一部はスライスに、残りはさいのめに切る。

③烏賊真丈にさいのめの切りのタケノコをさっくりと混ぜ合わせる。

④巻き簾で巻いて、蒸し器で15分間蒸す。

⑤木の芽味噌クリームをつくる。木の芽味噌は木ノ芽をすり鉢ですり、白田楽味噌、白味噌、青寄せを加えてすり合わせる。この木ノ芽味噌をだしでのばし、生クリーム、オリーブ油をすり混ぜてクリームを仕上げる。

⑥烏賊真丈を食べやすい厚さに切り、木の芽味噌クリームをかける。スライスしたタケノコを添える。

●蒸物

# 虎魚の白子真丈蒸焼
## 美味出汁仕立て

オコゼをオーブンで下焼するときは、
あとから蒸すことを考えて、
六割程度の火入れにしておく。
下焼することで、
蒸したときに香ばしさが
ふわっと立って風味がよくなる。［上野］

オコゼ、薄力粉
白子真丈（フグ白子の裏漉し、真丈地＊、だし適量）
美味出汁（オコゼ中骨、だし、淡口醤油、酒、ミリン、塩）
巻湯葉
ホウレン草
長ネギ
スダチ
＊真丈地：白身魚すり身100g、ヤマイモのすりおろし30g、卵白15ml、だし少量。すり身、ヤマイモ、卵白をすり混ぜ、だしで調整する。

●

①オコゼは背ビレをはずし、ここから包丁を入れて中骨と内臓を抜いて袋状にする。肝、胃を掃除して霜降りする。

②白子真丈をつくる。フグの白子をひたひたのだしでゆでる。白子を裏漉しし、その3分の1の分量の真丈地でつなぐ。白子を炊いただしを適量加え、濃度を整える。

③開いたオコゼの内側に、薄力粉をハケでまぶす。ここに白子真丈を詰め、オーブンで下焼きしておく。

④美味出汁をとる。オコゼの中骨を香ばしく焼いて、だし、塩、淡口醤油、酒、ミリンで吸い地よりも濃いめの味をつける。最後に淡口醤油をたらして風味をつける。

⑤③のオコゼ、肝、胃、巻湯葉を鍋に入れ、鍋底をおおうくらいの分量の美味出汁で蒸す。

⑥器に盛りつけ、ゆがいたホウレン草の軸を添え、天に繊に切った長ネギを盛る。別にスダチを添える。

●蒸物

# 甲羅にて渡り蟹の霙蒸
# 銀餡と共子の酒盗添え

ワタリガニの甲羅に真丈を詰め、すりおろしたカブをかけて蒸し、酒盗と銀餡をかけた蒸物。おいしい内子の酒盗をつくるには、生きている新鮮なワタリガニを用意すること。［上野］

ワタリガニの真丈（ワタリガニの身5、真丈地＊1、ユリ根・キクラゲ各適量）
カブ、卵白・塩各少量
銀餡（ワタリガニのだし、淡口醤油、塩、ミリン、葛粉）
内子酒盗漬
セリ
＊真丈地…白身魚すり身100g、ヤマイモのすりおろし30g、卵白15ml、だし少量。すり身、ヤマイモ、卵白をすり混ぜ、だしで調整する。

●

①ワタリガニをさばいて、内子で酒盗をつくる（↓14頁渡り蟹酒盗三種）。
②ワタリガニの身を蒸して取り出す。甲羅、脚などは鍋に入れて水を注いで火にかけ、ワタリガニのだしをとる。
③取り出した身に、塩ゆでしたユリ根、戻してせん切りにしたキクラゲ、真丈地を混ぜる。
④カブをすりおろし、塩少量を加え、布漉ししてコシを切った卵白をつなぎとして少量加えて混ぜる。
⑤甲羅に③を詰めてさっと蒸したのち、④のカブをのせて再び蒸して火を通す。
⑥銀餡をつくる。ワタリガニのだしを火にかけ、淡口醤油、塩、ミリンを加えて吸い地程度に味を調え、水で溶いた葛粉でとろみをつける。
⑦ワタリガニに内子酒盗漬をのせて、熱い銀餡をかけ、ゆがいたセリをあしらう。

●蒸物

## 金目鯛蒸物

蕪　法蓮草
木の芽

きんめだい

●蒸物

## 鯖酒蒸　いろいろ茸の餡かけ

九条葱
柚子

さば

●蒸物

## 秋鰆の飛荒挟み低温蒸
## 野生クレソンの摺り流し

河内蓮根餅　柚子

さわら
とびあら

●蒸物

## 鱸の共身巻おくら蒸　梅餡掛け

束ね白芋茎、糸長芋
酢どり茗荷

すずき

●蒸物

# 金目鯛蒸物

キンメダイそのものの味を堪能できるよう、
薄味に仕立てた。
淡く味つけした地で炊くので、
表面に包丁を入れて、
中まで味が浸透しやすいようにする。［奥田］

キンメダイ、キンメダイのだし（キンメダイの頭と中骨、水5、酒1、昆布）、淡口醤油、ミリン
カブ、米のとぎ汁、地（だし、塩、淡口醤油、昆布）
ホウレンソウ
木ノ芽

●

①キンメダイを三枚におろし、皮目に格子に包丁を入れる。2〜3等分の切り身にする。
②キンメダイのだしをとる。キンメダイの頭と中骨のくさみを取るため、霜降りにする。かぶるくらいの水、酒、昆布とともに鍋に入れて火にかける。沸騰直後に昆布を抜き、ていねいにアクをすくう。アクが少なくなるにつれて、火を弱めていく。アクが出なくなるまでじっくりと炊く。
③鍋に切り身にしたキンメダイを入れ、キンメダイのだしをかぶるくらい加える。火にかけて、沸いたら淡口醤油、ミリンで控えめに味をつける。大きさにもよるが、5〜10分間煮る。
④カブの皮を厚めにむいて、食べやすい大きさに切る。米のとぎ汁で下ゆでをして、水にさらし、ザルに上げる。カブ、だし、昆布を鍋に入れ、一煮立ちしたら塩、淡口醤油で吸い地より少し濃いめに味を調える。弱火で約5分間煮て、味を含ませる。
⑤器に煮上がったキンメダイを盛り、炊いたカブを添える。ホウレンソウは、さっと塩ゆでし、キンメダイの煮汁で温めてから、盛り合わせる。天に木ノ芽を盛る。

●蒸物

# 鯖酒蒸　いろいろ茸の餡かけ

サバというと、
こってりとした味噌煮が定番だが、
こちらはシンプルに酒蒸にした。
さまざまなキノコの旨みが、
たっぷりと溶け出した餡をかけることで、
秋らしさやごちそう感が増す。［奥田］

サバ、塩、酒
キノコの餡（エノキダケ、エリンギダケ、シイタケ、シメジタケ、マイタケ、だし8、淡口醤油1、ミリン少量、だし溶き葛粉適量）
九条ネギ、ゴマ油
ユズ

●

①サバを三枚におろし、小骨を抜く。皮目に細かく包丁を入れる。角度は身に対して斜め45度。深さは3㎜ほどで、間隔は2㎜。
②切り身にして、塩をする。そのまま1時間ほどおく。
③酒をふり、蒸し器で10分間ほど蒸す。
④キノコの餡をつくる。鍋に、だしと淡口醤油を入れて一煮立ちさせミリンをほんの少量落とす。食べやすい大きさに切ったキノコ類を加える。キノコに火が通ったら、だし溶き葛粉でとろみをつける。
⑤九条ネギは斜め切りにして、ゴマ油でさっと炒める。
⑥器に蒸したサバを盛り、キノコの餡をかける。炒めた九条ネギを盛り、みじん切りのユズをふる。

●蒸物

# 秋鰆の飛荒挟み低温蒸
## 野生クレソンの擂り流し

トビアラはクルマエビ科の小エビでサルエビともいう。
大阪ではポピュラーなエビで、だしがよく出る。
また唐揚などにも用いられる。
クレソンは味と香りを生かすために加熱時間をなるべく短かくする。［上野］

サワラ、塩、葛粉
飛荒真丈（トビアラのむき身200g、ヤマイモのすりおろし20g、卵白15ml、塩少量）
河内蓮根餅（河内レンコン塩蒸100g、レンコンのすりおろし160g、上新粉110g、湯90ml）、蚊籠蓮根
クレソン擂り流し（クレソン、だし適量、白醤油・塩・生クリーム各少量）
ユズ

●

①サワラを三枚におろし、厚みのある背側の身を使う。これを切り身にし、薄塩をふり、深めに切り目を2本入れる。切り目に葛粉をまぶしておく。
②飛荒真丈をつくる。トビアラは頭と殻をむき、ヤマイモ、卵白、塩をすり混ぜる。これをサワラの切り目にはさむ。弱火で8分間ほど蒸す。
③河内蓮根餅をつくる。レンコンは塩蒸して、みじん切りにしたものと、生のすりおろしを用意する。レンコンに上新粉と湯をすり混ぜる。これを流し缶に流し入れて蒸す。
④クレソン擂り流しをつくる。クレソンをだしでゆで、おか上げする。だしを少量加えてフードプロセッサーにかけ、裏漉しする。
⑤鍋に移してだしで適当な濃度にのばして、白醤油、塩、生クリーム各少量で味をつける。
⑥器にクレソン擂り流しを流し、蒸し上がったサワラを盛る。
⑦蓮根餅を適宜に切り、蛇籠蓮根で巻いて添え、ユズを天に盛る。

●蒸物

# 鱸の共身巻おくら蒸
## 梅餡掛け

スズキにオクラをかけて蒸し、さっぱりと梅肉餡ですすめる夏の蒸物。

スズキは火を入れすぎるとぱさぱさになってしまうので、やっと火が入ったくらいのところで取り出すとよい。［上野］

スズキ、塩
スズキのかき身4、真丈地（白身魚すり身100g、ヤマイモすりおろし30g、卵白15ml、だし少量）1、シメジタケ、ユリ根、キクラゲ
オクラ、メレンゲ適量
梅肉餡（梅干し、だし、淡口醤油、塩、砂糖、ミリン、葛粉）
ナガイモ、酢どり茗荷（ミョウガ、甘酢）
白ズイキ、八方だし（だし、塩、ミリン、淡口醤油）、軸三ツ葉

●

①スズキは三枚におろし、皮をひく。頭、中骨、皮、身に塩をして、1～2時間おく。塩加減は塩焼程度。
②頭、中骨、皮を蒸して火を通し、身をかき取る。
③かき身にシメジタケ、ユリ根、キクラゲを加え、やわらかめに合わせた真丈地をつなぎに加える。
④丸く取って蒸し、八割程度まで火を入れる。
⑤スズキの上身をそぎ切りにし、さらに二枚に薄く開く。④を開いたスズキで包み、蒸して火を通す。
⑥オクラを熱湯でゆで、種を除いて叩き、泡立てた卵白を混ぜる。これをスズキにかけて、さっと蒸す。
⑦梅肉餡をつくる。だしに淡口醤油、塩、砂糖、ミリンを加えて熱し、水で溶いた葛粉を加える。つぶした梅干しを適量加える。
⑧白ズイキは、ダイコンおろし、赤唐辛子、酢を入れた湯でゆがいたのち、八方だしで炊いて味を含ませる。
⑨スズキを器に盛り、上にごく細いせん切りにしたナガイモをのせ、酢どり茗荷をあしらう。
⑩梅肉餡を流し、軸三ツ葉で束ねた白ズイキを添える。

●蒸物

## 真鯛蓮蒸

車海老　銀杏　百合根　三つ葉
べっこう餡
山葵

たい
えび

●蒸物

## 鯛橙酢風味蒸

椎茸　長葱　水菜　豆腐

たい

●蒸物

## 鱧、松茸、毛蟹の茶碗蒸

ふり柚子

はも
かに

●蒸物

## 平目の酒蒸とふろふき大根の柚子味噌がけ

あられ柚子

ひらめ

●蒸物

# 真鯛蓮蒸

酒蒸したタイの上に、
レンコンのすりおろしとギンナン、
クルマエビ、三ツ葉などを和えたものを
のせてさらに蒸した料理。
レンコンのすりおろしには、
角切りのレンコンを加えて、
同じ素材の食感の違いをたのしむ。[奥田]

マダイ、塩、酒
レンコン、酒、葛粉、卵の素＊、具（クルマエビ、ギンナン、レンコン、ユリ根、三ツ葉）
べっこう餡（だし100ml、濃口醤油5ml、ミリン微量、だし溶き葛粉）
おろしワサビ
＊卵の素：卵黄1個分を泡立て器でよくすり混ぜ、サラダ油80mlを少量ずつ加えながら攪拌したもの。

●

①マダイは、三枚におろし、皮目に3mm深さ、2mm間隔で切り目を入れる。包丁を入れる方向は、身に対して斜め45度。3cm幅のそぎ切りにして、薄く塩をあてて20分間おく。酒をふり、10分間蒸す。
②蓮蒸の具を用意する。クルマエビは塩ゆでし、頭と殻を取り除き、2cm幅に切る。ギンナンは殻から出し、塩ゆでして薄皮をむき、半分に切る。レンコンは皮をむいて小さめの乱切りにし、水にさらして、塩ゆでする。ユリ根は鱗片にばらし、塩ゆでする。三ツ葉は2～3cm長さに切る。
③レンコンをすりおろす。ザルに上げて、水気をきり、酒、葛粉、卵の素少量を加える。②の具を加えて混ぜる。
④酒蒸したマダイに③をのせて蒸し器に入れ、弱火で10分間蒸す。
⑤だしに濃口醤油とミリンで味をつけ、だし溶き葛粉でとじてべっこう餡をつくる。
⑥④を器に盛り、餡をまわしかける。すりおろしたワサビを天に盛る。

●蒸物

# 鯛橙酢風味蒸

昆布の上にのせて蒸し上げることで、
旨みが増す。
この蒸汁を利用して割り橙酢をつくる。
割り橙酢まで
残さず召し上がっていただけるよう、
味は控えめに調えた。
野菜は種類を問わず、旬のものを添える。
[中嶋]

タイ、塩
シイタケ
長ネギ
ミズナ
木綿豆腐
昆布、酒、だし
割り橙酢（橙酢1、蒸汁1、だし0・5）

●

①タイを三枚におろし、上身にし、皮をつけたまま切り身にする。薄塩をあててしばらくおく。
②表面のみにさっと熱湯をかけて生ぐさみを取り除く。
③バットにタイの切り身に合わせて切った昆布（5～6cm）を敷き、タイ、シイタケ、斜めに切った長ネギ、食べやすい長さに切ったミズナ、角切りにした木綿豆腐を盛る。
④酒とだしを適量ずつふって、5分間ほど蒸す。
⑤取り出して割り橙酢をかけて供する。割り橙酢は、橙酢を蒸したあとに出る汁とだしで割ったもの。

●蒸物

## 鱧、松茸、毛蟹の茶碗蒸

マツタケの香り、ハモとケガニの旨み、生湯葉の食感を合わせた味わい豊かな茶碗蒸。玉子地には、カニ味噌を溶き入れ、さらに豊かなコクを加えた。［奥田］

ハモ
マツタケ、吸い地
ケガニ
生ユバ
玉子地（吸い地＊３００ml、卵３個）
銀餡（だし、塩、淡口醤油、葛粉）
ユズ
＊吸い地：だし、塩、淡口醤油、カニ味噌

●

①ハモの落しをつくる。ハモをおろし、骨切りをする。３㎝に切り落とす。湯通しし、冷水にとる。
②ケガニを丸ごと、蒸し器で25分間蒸す。身はほぐしておき、カニ味噌は取り出して吸い地に溶く。
③卵３個を溶き、カニ味噌を加えた吸い地と合わせて玉子地をつくる。
④器に生ユバとケガニのほぐし身を入れ、玉子地を流し入れる。蒸し器に入れ、弱火で10分間蒸す。
⑤蒸し上がった茶碗蒸に、沸かした吸い地で温めたハモと吸い地で炊いたマツタケを盛る。
⑥上から銀餡をかけて、すりおろしたユズの皮をふる。銀餡は、だしに塩、淡口醤油で吸い地程度の味をつけ、だしで溶いた葛粉を加えてとろみをつけたもの。

●蒸物

## 平目の酒蒸とふろふき大根の柚子味噌がけ

ふろふき大根の上に酒蒸したヒラメを重ね、ユズ味噌を鞍がけした。ヒラメと大根は、ともに冬が旬の素材。どちらも、持ち前の淡い上品な旨みを生かしてあっさりと仕上げた。ユズ味噌は泡立てた卵白を加えているため、ふんわりとやわらかい口あたり。［奥田］

ヒラメ、塩、酒
ダイコン、地（だし、塩、淡口醤油）
柚子味噌（玉味噌＊、卵白、ユズ）
ユズ
＊玉味噌：白味噌５００g、卵黄1個分、卵3個、上白糖１００g、酒１６５mlをすり鉢ですり合わせて、弱火で濃度がつくまで練り上げ、裏漉しする。

●

①ヒラメは五枚におろし、切り身にする。皮目に３㎜深さの切り目を2㎜間隔で入れる。尾の身をそぎ切りにして、塩をあてて30分間おく。
②提供直前にヒラメに酒をふり、蒸し器で10分間蒸して、中まで火を通す。
③ふろふきダイコンを仕込んでおく。ダイコンを３㎝厚さの輪切りにして、皮を厚めにむく。水から下ゆでする。中心まで火が通ったら、ザルに上げる。
④鍋にだしをはり、下ゆでしたダイコンを入れ、沸いたら塩、淡口醤油で吸い地程度に味をつける。弱火におとして30分間煮て、味を含ませる。
⑤柚子味噌をつくる。玉味噌を五分程度に泡立てた卵白と合わせる。そこにすりおろしたユズの皮を加える。
⑥熱々のふろふきダイコンを器に盛り、煮汁をはる。ダイコンの上に蒸したヒラメの身をのせる。柚子味噌を鞍がけにする。天にあられユズをふる。

●蒸物

# 小茶碗蒸四種

いろいろ

茶碗蒸を小さな器で供する。具は、スッポン、カキ、ウニ、白子の四種。寒い季節のお通しがわりに最適。ここでは、陶器のエスプレッソカップに玉子地をはり、蒸した。［奥田］

スッポンの身、玉子地（卵3個、スッポンだし３００ml、淡口醤油）
カキ、ウニ、タラの白子、玉子地（卵9個、だし９００ml、塩・淡口醤油各適量）
銀餡（だし、塩、淡口醤油、だし溶き葛粉）

●

①スッポンの茶碗蒸を仕込む。スッポンをさばき、下炊きしてスッポンだしをとる（→１６９頁烏賊詰めスッポン真丈）。

②卵を溶き、淡口醤油で吸い地程度に味をつけたスッポンだしを合わせる。なめらかに仕上げるために、漉し器で漉す。下炊きしたスッポンの身を細かく刻んで加える。身は飾り用に少しとりおく。

③カキ、ウニ、タラの白子の茶碗蒸を仕込む。カキは熱湯にくぐらせて氷水にとり、霜降りして粗く刻む。タラの白子は湯引きをし、膜がぴんとはったら氷水にとってザルに上げ、粗く刻む。それぞれ飾り用に刻む前の状態のものをとりおく。

④玉子地をつくる。卵を溶く。そこに、塩、淡口醤油で吸い地程度に味をつけただしを注ぐ。なめらかに仕上げるために漉し器で漉す。

⑤4種類の具を、それぞれエスプレッソカップに入れ、玉子地を注ぐ。蒸し器に入れ、弱火で8分間蒸す。

⑥飾り用にとっておいた具を、それぞれ蒸し上がった茶碗蒸にのせる。

⑦だしに塩、淡口醤油で吸い地程度に味をつけ、だし溶き葛粉でとろみをつけて銀餡をつくる。ただしスッポンの茶碗蒸だけは、スッポンだしに、スッポンだしで溶いた葛粉でとろみをつけた餡をはる。

# ご飯　汁物

●ご飯

# 雲丹焼おにぎり

うに

おにぎりにウニを混ぜ込み、さらにうに衣をかけて焼く。
生ウニならではの風味や食感をたのしむため、
混ぜ込む際にはざっくりと。
また、おにぎりは、網で焼いてもよいが、
こげつきが気になる場合は、串打ちして焼くとよい。［奥田］

ウニ　½箱
ご飯　茶碗に軽く４杯
うに衣（ウニ½箱、卵黄２個、濃口醤油少量）
昆布の佃煮＊（昆布４７５g、水１リットル、酒１００ml、濃口醤油１３０ml、砂糖75g、たまり醤油35ml、白ゴマ）
＊昆布の佃煮：せん切りの昆布と水と酒を合わせて一煮立ちさせる。アクをすくいながら、中火にして10分間煮たのち、濃口醤油、砂糖、たまり醤油を加えて水気がなくなるまで炊く。煎った白ゴマを混ぜる。

●

①温かいご飯にウニを加え、ざっくりと混ぜ合わせる。
②①をにぎり、焼き網にのせ、表面を乾かすように炭火で両面をあぶる。
③うに衣をつくる。まず、ウニと卵黄をざっと混ぜる。
④濃口醤油少量を加えて、味を調える。
⑤あぶったおにぎりの片面にうに衣を塗る。
⑥おにぎりに串を打ち、炭火であぶる。
⑦皿に盛り、昆布の佃煮を添える。

雲丹焼おにぎり

1

2

3

4

5

●汁物

# 菱蟹とあおさの卵白〆汁　胡麻風味

かに

ヒシガニとアオサ海苔を卵白でとじた、心地よい磯の香の汁物。ヒシガニの卵は、半生くらいの火入れで仕上げるのがポイント。［上野］

●

ヒシガニ　1杯
だし　２７０ml
塩、淡口醤油、ミリン、ゴマ油
アオサ海苔
卵白

●

①ヒシガニは蒸したのち、さばいて身を取り出しておく。殻はオーブンで5分間ほど加熱して、こがさぬようからりと焼く。
②殻を鍋に入れ、だしを注いで強火にかける。
③アクが出たら取り除く。
④さっと煮て漉し、だしをとる。
⑤だしを鍋に戻して再び弱火にかけ、塩、淡口醤油、ミリンで味を調える。取り出した身を入れ、ゴマ油をたらす。
⑥沸いたらアオサ海苔を入れる。
⑦アオサ海苔がほぐれたら、布漉ししてコシを切った卵白をまんべんなくまわし入れる。
⑧最後にカニの卵を入れて卵白でとじる。カニの卵が温まったら器に盛って供する。

ヒシガニのだし

汁

●ご飯

## 浅利と独活の炊込み飯

空豆素揚

あさり

●ご飯

## 蒸寿司

あなご
えび

●ご飯

## 穴子の飯蒸

実山椒

あなご

●ご飯

## 甘鯛からすみご飯

柚子

あまだい
からすみ

●ご飯

# 浅利と独活の炊込み飯

アサリとウドを使った春の炊込みご飯。旨みが効いたアサリの煮汁とだしを合わせてご飯を炊いた。［中嶋］

アサリのむき身　200g
酒　適量
だし　アサリの汁と合わせて660ml
淡口醤油　20ml
昆布　適量
米　600ml
ウド、酢、八方だし（だし8、ミリン1、淡口醤油1）
ソラマメ、揚げ油、塩

●

①アサリを薄い塩水に2～3時間ほどつけて砂を吐かせたのち、殻をはずしてむき身にする。
②鍋に酒を入れて沸騰させ、アサリのむき身を入れて蓋をし、酒蒸する。
③アサリをザルに上げ、身と汁に分ける。汁をペーパータオルで漉しておく。
④ウドは皮をむき、酢水でゆでたのち、八方だしで白煮しておく。
⑤米をといでザルに上げて1時間おいたのち、アサリの汁とだし、淡口醤油、昆布で炊く。
⑥炊き上がったご飯に乱切りにしたウドとアサリを混ぜて蒸らす。
⑦ソラマメは皮をむき、170℃に熱した揚げ油で素揚にする。塩をふる。
⑧炊込みご飯を盛り、ソラマメの素揚を散らす。

●ご飯

# 蒸寿司

蒸寿司は温かいので、酸味を強く感じる。合わせる寿司酢の酸味は控えめに。［中嶋］

煮穴子（アナゴ250g×2尾、だし300ml、酒・ミリン・濃口醤油各30ml、砂糖15ml）、たれ（ミリン1、濃口醤油1）
サイマキエビ、塩
錦糸玉子（卵、サラダ油）
椎茸煮（干しシイタケ6枚、戻し汁100ml、だし100ml、塩少量、ミリン7・5ml、濃口醤油15ml、砂糖15ml）
酢蓮根（レンコン、甘酢＊）
キヌサヤエンドウ
ご飯（米、昆布だし、塩）、寿司酢（酢、塩、砂糖）
＊甘酢：酢に1割の砂糖を加え混ぜたもの。

●

①煮穴子をつくり、たれを塗ってあぶる（↓241頁穴子の飯蒸）。これを短冊に切る。
②サイマキエビは塩を入れた湯でゆでて、頭と殻をむく。
③錦糸玉子をつくる。卵を溶きほぐし、茶漉しに通してコシを切り、薄くサラダ油をひいた玉子焼鍋で薄焼玉子を焼く。これをせん切りにする。
④椎茸煮をつくる。干しシイタケを水につけて戻す。戻し汁はとりおく。上記の割合で戻し汁、だし、調味料を合わせ、煮汁が半量に詰まるまで煮てやや濃いめの味に。汁気を軽く搾ってせん切りにする。
⑤酢蓮根をつくる。レンコンを薄切りにし、水洗いしたのち、甘酢でさっと煎って、完全に火を通す。完全に火が通っていないと黒く変色してしまうので注意。
⑥米を研ぎ、塩少量で薄味をつけた昆布だしで炊く。
⑦炊き上げたら、ご飯の1割の寿司酢を切り混ぜて寿司飯とする。ご飯600mlに対して寿司酢60ml。
⑧寿司飯を器に盛り、穴子煮、椎茸煮、錦糸玉子、酢蓮根、ゆがいてせん切りにしたキヌサヤエンドウを盛りつけて、蒸し器に入れて温める。

●ご飯

## 穴子の飯蒸

アナゴの持ち味である
ほのかな甘みを生かすには、
煮るのが一番。
身がくずれないよう、
短時間で煮上げて鍋のまま冷まして
味を含ませる。
蒸したおこわの上にのせて、
笹で包み、提供する。［中嶋］

煮穴子（アナゴ250g×2尾、だし300ml、酒・ミリン・濃口醤油各30ml、砂糖15ml）
たれ（ミリン1、濃口醤油1）
おこわ
実ザンショウ

●

①アナゴをおろし、沸騰した湯にくぐらせる。皮目がうっすらと白くなってきたら、氷水にとる。タワシでヌメリを落として、水気をふき取る。
②だし、酒、ミリン、濃口醤油、砂糖を合わせた地を火にかけ、沸いたらアナゴを並べて落し蓋をして、10分間煮る。
③火からおろしてこのまま自然に冷ます。冷めたら取り出して、アナゴの表裏をさっとあぶる。軽く焼き目がついたらハケで両面にたれを塗って乾かす程度にそっとあぶる。
④アナゴを三等分に切り分け、白蒸にしたおこわ（解説省略）の上にのせ、実ザンショウを1粒のせて、笹で包み、竹串で止める。

●ご飯

## 甘鯛からすみご飯

アマダイの頭、骨でとっただしでご飯を炊く。
雑味のないだしをとるため、
アクはしっかりと取り除くこと。
また、アマダイは淡泊なので
カラスミの風味と塩気を
アクセントに加える。
カラスミは、しっかりと厚く切って
食べごたえを出す。［奥田］

アマダイ1尾、塩
カラスミ　適量
米2合（360ml）、地＊360ml
ユズ
＊地：アマダイのだし（アマダイのアラ1尾分、水2リットル、酒600ml、昆布1㎝分）1・5リットル、淡口醤油100ml、濃口醤油50ml、ミリン40ml

●

①アマダイを三枚におろす。切り身にし、塩をあてて30分〜1時間おく。
②アマダイに串を打ち、炭火で焼く。皮目から焼き、きれいな焼き色がついたら、返して身側を焼く。
③アマダイのだしをとる。アマダイの頭、中骨などのアラを霜降りにして表面のヌメリを取り除く。水、酒、昆布、アマダイのアラを合わせて、強火にかけ、沸いたら弱火におとす。こまめにアクを除き、アクが出なくなるまで煮る。
④米をといでアマダイのだしとともに土鍋に入れ、20分間浸水させる。ミリン、淡口醤油、濃口醤油を加えて味を調え、炊く。
⑤カラスミを厚めに切り、炭火であぶる。
⑥ご飯が炊き上がったら、焼いたアマダイとカラスミを土鍋に入れて火を止める。蓋をし、蓋の穴を箸などでふさいで蒸らす。蒸らし時間は5分間ほど。
⑦みじん切りのユズを散らして供する。

●ご飯

## 氷魚の子鰤かけ飯

叩き木の芽

あゆ

●ご飯

## かますのスモーク寿し

紅葉おろし　ディル

かます

●ご飯

## かます焼ご飯

牛蒡
軸三つ葉

かます

●ご飯

## 小柱ご飯

塩昆布　煎り胡麻

こばしら

●ご飯

## 氷魚の子鮎かけ飯

ヒウオはごく小さいアユの稚魚。
ヒウオの出まわり時期は
葉ワサビと合うので、
ご飯のほかに、
ヒウオと葉ワサビを焼き海苔とともに
醤油で和えた
磯辺浸しなどにもする。［上野］

ヒウオ、つけ地（だし、淡口醤油）
子ウルカ（アユの卵巣でつくった塩辛）
ナガイモ、塩
ご飯
木ノ芽

●

①ヒウオは水洗いしたのち、熱湯でゆでてザルに上げる（釜揚げ）。淡口醤油で味を調えただしに2時間ほどつける。
②子ウルカとナガイモを2対1の割合で混ぜる。ナガイモは、糸切りにして薄塩をあてて、しんなりさせたもの。
③ご飯を盛り、ヒウオをのせ、②を上にかける。天に叩き木ノ芽を盛る。

●ご飯

## かますのスモーク寿し

さわやかなディルの香りが
カマスの燻香とよく合う。
叩いたディルは色が飛びやすいので、
酢飯が冷めてから混ぜ込むとよい。［上野］

カマス、塩
酢飯（ご飯、寿司酢＊、ディル）
紅葉おろし
ディル
＊寿司酢：酢、砂糖、塩、昆布を合わせて一旦沸かして冷ましたもの。

●

①カマスは三枚におろす。皮はつけたままでよい。
②塩をし、串を打って、炭火で表面をさっとあぶる。
③桜のチップで5分間ほど燻す。
④酢飯をつくる。寿司酢をつくり、温かいご飯に切り混ぜる。酢飯が冷めたら、みじん切りのディルを混ぜる。
⑤巻き簾の上に、棒状にまとめた酢飯をおいて、燻したカマスをのせて巻く。
⑥なじませるために2時間ほどおいたのち、食べやすく切り出す。紅葉おろしとディルを添える。

●ご飯

# かます焼ご飯

幽庵地につけて
香ばしく焼いたカマスを炊き込んだご飯。
カマスとささがきゴボウを
炊き上がる寸前に入れ、
香りがご飯に行き渡るようにする。［奥田］

カマス2尾、つけ地（煮切りミリン3、煮切り酒1、濃口醤油1・5）
ゴボウ¼本、吸い地（だし、塩、淡口醤油）
米2合（360ml）、吸い地（だし、塩、淡口醤油）540ml
三ツ葉

●

①カマスを三枚におろす。皮目に細かく切り目を入れる。材料の調味料を合わせたつけ地に15〜20分間つける。
②カマスに串を打ち、炭火でこんがりと焼き上げる。
③ゴボウをささがきにし、水にさらしてアクを抜く。水を切り、吸い地でさっと炊く。
④米をとぐ。土鍋に米と吸い地を入れ、20分間浸水して火にかける。
⑤沸騰したら火をおとす。沸騰が落ち着いたところで、ゴボウの汁気をきって加え、上に焼いたカマスをのせる。
⑥ご飯が炊けたら火を止め、五分ほどに切った三ツ葉を加え、5分間ほど蒸らす。蓋の穴は箸などでふさいでおく。
⑦茶碗に、ご飯、ゴボウ、カマス、三ツ葉をよそい、供する。

●ご飯

# 小柱ご飯

コバシラは早く火が入るため、
極力大きめの粒を選ぶとよい。
くれぐれも火を通しすぎないように
注意する。［中嶋］

コバシラ、塩
天ぷら衣（薄力粉1、卵水1）、揚げ油
ご飯
塩昆布、煎りゴマ

●

①コバシラは大きめの粒を選ぶ。さっと塩水で洗って水気をふき、天ぷら衣にくぐらせて、170〜180℃に熱した揚げ油で素早く揚げる。火の通しすぎに注意。
②からりと揚がったら油をきる。
③塩昆布を針のように細く切る。
④ご飯を茶碗に盛り、コバシラをのせて、塩昆布と煎りたてのゴマを散らす。

●ご飯

## 秋刀魚スパイス丼

牛蒡　海苔　分葱

さんま

●ご飯

## 蝦蛄と新玉葱と空豆の玉〆丼

木の芽

しゃこ

●ご飯

## 白魚天茶

叩き梅　三つ葉

しらうお

●ご飯

## スッポンうどん

分葱　生姜

すっぽん

●ご飯

## 秋刀魚スパイス丼

スパイスを加えたたれにつけ込んだサンマを丼仕立てにした。
サンマはたっぷりと脂ののった旬のものを。
スパイスの刺激が全体をきりっと締め、
サンマの脂の旨みがよりいっそう引き立つ。
［奥田］

サンマ
たれ（ミリン6、酒2、濃口醤油3、カレー粉・粉ザンショウ・黒コショウ各適量）
ご飯
ゴボウ、サラダ油
海苔、ワケギ

●

①サンマを三枚におろし、皮目に細かく包丁を入れる。方向は、身に対して斜め45度。深さは5㎜。間隔は2㎜ほど。

②たれをつくる。ミリンと酒を合わせて煮切り、濃口醤油を加える。そこにから煎りしたカレー粉を入れる。味を確かめながら、粉ザンショウ、黒コショウを加える。サンマのつけだれの他にも、キンピラの味つけだれ、ご飯のかけだれとして、このたれを使う。

③たれにサンマを15分間ほどつけ込む。

④両づま折に串を打ち、つけ込んだたれを塗りながら、炭火で焼く。

⑤ゴボウのキンピラをつくる。ゴボウをささがきにして、水にさらす。鍋にサラダ油を熱し、ささがきにしたゴボウの水をきって入れる。全体に油がまわったら、たれを加えて水分がなくなるまで炒める。

⑥器にご飯を盛り、上からたれをかける。あぶってちぎった海苔を散らし、ゴボウのキンピラをのせる。その上に、炭火で焼いたサンマを盛る。小口切りにしたワケギをあしらう。

●ご飯

## 蝦蛄と新玉葱と空豆の玉〆丼

シャコと新玉ネギとソラマメを
卵でとじた春らしいご飯。
新玉ネギは食感がよいので、
これを生かすため、火の入れすぎに注意する。
［上野］

シャコ　5本
だし　90ml
砂糖　5ml
塩　2・5ml
淡口醤油・ミリン　各適量
ソラマメ　適量
玉ネギ　適量
卵　2個
ご飯　適量
木ノ芽

●

①シャコをゆがいてザルに取り、冷ます。殻をむく。

②殻をだしに入れて火にかけて、5分間ほど煮る。漉してだしをとる。

③だしを火にかけ、砂糖、塩、淡口醤油、ミリンで味を調える。沸いたら薄切りにした玉ネギを入れる。

④玉ネギに火が通ったら、シャコ、ゆでたソラマメを入れて煮る。だしが沸いたら、卵を割りほぐして流し入れてとじる。卵に半分くらい火が通ったら火を止める。

⑤丼にご飯を盛り、④をのせる。天に木ノ芽をあしらう。

●ご飯

## 白魚天茶

天ぷら茶漬というと、
くどいと思われがちだが、
煎茶が油っぽさをおさえてくれるので、
コクがあるのにさっぱりと食べられる。
シラウオのように小魚に塩をあてる場合、
塩をふるより、
塩水につけるほうが
まんべんなく塩がまわる。［中嶋］

シラウオ、塩水（水300ml、塩10ml）
薄力粉、天ぷら衣（薄力粉200ml、卵水＊200ml）
揚げ油　適量
茶漬だし（だし400ml、煎茶400ml、塩5ml）、生青海苔
ご飯
叩き梅、三ツ葉
＊卵水：卵1個と水適量を合わせて200mlとする。

●

①シラウオは重量の約3％の塩水に20分間つける。
②水気をふき取り、むらなく薄力粉をまぶして、2～3尾を箸でまとめて、天ぷら衣にくぐらせて、175℃に熱した油で揚げる。
③茶漬だしの材料を合わせて熱し、青海苔を加え混ぜる。ご飯を器に盛り、天ぷらをのせて、茶漬だしをはる。
④三ツ葉を散らし、天に叩き梅を盛る。

●ご飯

## スッポンうどん

スッポンのだしを、うどんのつゆとする。
うどんは、のどごしがよく細麺でコシのある
富山の氷見うどんを使った。
ここでの主役は
あくまでうどんとスッポンだし。
具とするスッポンは
小さなあられに切る。［奥田］

氷見うどん
スッポンうどんのつゆ（スッポンの身、スッポンだし、淡口醤油適量、酒溶き葛粉適量）
おろしショウガ、ワケギ

●

①スッポンを下煮し、だしをとる（→169頁烏賊詰めスッポン真丈）。
②スッポンうどんのつゆをつくる。身、内臓、エンペラを使う分だけ取り分け、あられ切りにする。鍋に入れ、ペーパータオルで漉したスッポンだしを注ぐ。火にかけ、淡口醤油で味を調える。酒溶きの葛粉で軽くとろみをつける。
③氷見うどんを熱湯で3分間ゆでて、冷水にとり、ヌメリをとるように洗う。
④うどんを湯で温めて、器に盛る。スッポンうどんのつゆを注ぎ、細かく刻んだワケギ、おろしショウガを天に盛る。

●ご飯

# 琥珀鯛ご飯

長芋　海胆
山葵

たい
うに

●ご飯

## 鯛の酒盗玉子飯

う玉　芽葱

たい

●ご飯

## 蛸と石川小芋の炊込みご飯

茗荷
ふり柚子

たこ

●ご飯

## 琥珀鯛ご飯

タイの切り身をつけ地につけて旨みを
凝縮させて丼にした。
熱々のご飯ですすめる。［上野］

タイ
つけ地（淡口醤油、ミリン少量）
ご飯
ナガイモ、塩
ウニ
おろしワサビ

●

①タイを三枚におろし、上身にする。一口大のそぎ切りにして、つけ地に15分間ほどつける。

②ナガイモをごく細いせん切りにし、薄塩をあてておく。

③ご飯を小丼に盛り、つけ地から取り出したタイを5枚並べ、ナガイモを中央にのせる。ウニを盛り、おろしワサビを添える。

●ご飯

## 鯛の酒盗玉子飯

酒盗でタイをさっと和え、
熱いご飯の上にのせていただく。
酒盗は、製品ごとに塩加減が違うので、
これを考慮に入れて割合を調整する。［上野］

タイ　5
カツオ酒盗　3
ご飯
ウズラの卵
芽ネギ

●

①タイの上身を細造りにし、カツオ酒盗で和える。

②小丼にご飯を盛り、①のタイをのせ、中央にウズラの卵を割り落とす。

③芽ネギの小口切りを散らして供する。

●ご飯

# 蛸と石川小芋の炊込みご飯

タコだけだと単調になりがちだが、
小イモが入ることによって、
味わいの幅が広がる。
タコと小イモは
炊合の定番であることからも、
相性のよさは折り紙つき。［奥田］

マダコ
石川小イモ、米のとぎ汁、だし、昆布、塩、淡口醤油
米2合（360ml）、だし500ml、塩5ml弱、淡口醤油10ml、濃口醤油20ml、ミリン15ml
ミョウガ
ユズ

●

①マダコをさばく。（↓31頁蛸薄造り）
②胴体から脚を切り取り、小口から薄くへぐ。
③石川小イモを六方にむき、米のとぎ汁で下ゆでする。鍋にだし、昆布、下ゆでした石川小イモを入れて火にかけ、一煮立ちしたら、塩、淡口醤油で味を調える。弱火で味がしみるまで煮含める。横半分に切る。
④米をとぎ、ザルに上げる。
⑤といだ米を土鍋に入れ、だしを注いで、20分間浸水させる。塩、淡口醤油、濃口醤油、ミリンを加える。
⑥土鍋の蓋をして、火にかける。ぐらぐらと沸いてきたら、火を弱めて8～10分間炊く。
⑦土鍋から沸騰するふつふつという音がしなくなったら、蓋を開けて、へいだマダコと、煮含めた石川小イモを、ご飯にのせる。すぐに土鍋の蓋を閉めて火を止める。蓋の空気穴を割り箸などでふさぎ、3～5分間蒸らす。
⑧マダコと石川小イモの上に、みじん切りにしたミョウガを散らし、すりおろしたユズをふる。

●ご飯

## 白子の雑炊

卵　分葱

たら

●ご飯

## 地蛤のお茶漬

木の芽　ぶぶあられ　三つ葉　白胡麻

はまぐり

ご飯

## 鱧照焼まぶし　笹包み

沢庵漬

はも

ご飯

## 鱧とタスマニアマスタードの炒飯

セルフィユ

はも

●ご飯

## 白子の雑炊

だしでご飯と白子を一緒に温めて雑炊とする。

白子は火を通しすぎるとかたくなり、なめらかさが半減するので、表面に火が通ったところで火からおろす。

[奥田]

タラの白子
ご飯
だし、塩、淡口醤油
卵
ワケギ

●

①タラの白子を一口大に切る。くさみを除くために、以下のように霜降りをする。鍋に湯を沸かし、白子を入れる。10秒間ほどたって、膜がぴんとはった状態になったら、氷水にとる。
②だしを沸かし、塩、淡口醤油で吸い地程度に味をつける。
③ご飯を入れる。ご飯がほぐれたら、一口大に切ったタラの白子を入れる。白子の表面に火が通ったら、溶き卵でとじる。
④茶碗によそい、刻んだワケギを天に盛る。

●ご飯

## 地蛤のお茶漬

地ハマグリのだしをご飯にかけて茶漬とした。
具はハマグリのみ。
シンプルな分、
ハマグリの品質が重要となる。
今回使ったのは茨城県鹿島灘産。
長径7～8cmほどのとても大きいもの。
[奥田]

ハマグリ、水8、酒2、昆布（5cm幅）1枚
ご飯
ハマグリのゆで汁、塩、淡口醤油
木ノ芽、白ゴマ、三ツ葉、ぶぶアラレ

●

①鍋にハマグリを入れ、水8、酒2をひたるくらい注ぐ。昆布を入れて強火にかける。貝の口が開いたら、取り出してむき身にする。一口大に切る。貝のだしが出ているゆで汁は取りおく。
②①の貝だしに、塩、淡口醤油を加えて味を調える。
③茶碗にご飯を盛り、一口大に切ったハマグリをのせる。②をまわしかけ、白ゴマ、三ツ葉、ぶぶアラレを散らし、天に木ノ芽をあしらう。

●ご飯

## 鱧照焼まぶし　笹包み

料理に使えないハモの腹の肉薄の部分を照焼にしておき、粗めに刻んでご飯に混ぜた。俵型にまとめて、笹に包んで食べやすく。［中嶋］

ハモ
照り地（濃口醤油２００ml、ミリン１５０ml、酒２５０ml、砂糖45ml、ハモの中骨・頭の白焼適量）
ご飯（米、モチ米）
実山椒醤油煮（実ザンショウ、酒１２０ml、ミリン30ml、濃口醤油45ml、砂糖５ml、たまり醤油５ml）
沢庵漬

●

①ハモを腹開きにして腹の肉の薄い部分を使う。アユ用の細い串を打って白焼にして完全に火を通す。このの ち、照り地を何回かかけながら焼き重ねるようにして照焼にする。照り地はハモの中骨、頭をこんがり焼いて、濃口醤油、ミリン、酒、砂糖を合わせた煮汁に入れて、弱火で30分間～1時間ほどことこと煮たもの。

②ご飯は米に1割のモチ米を混ぜて炊いておく。こうするとある程度時間がたってもぱさつかず、おいしく食べられる。

③炊き上がったら、粗めに刻んだハモの照焼と実山椒醤油煮を混ぜておく。実山椒の醤油煮は、実ザンショウと上記の調味料を合わせて、弱火でことこと1時間ほど煮たもの。

④俵型にまとめ、笹の葉で包んで竹串で止める。沢庵漬を添える。

●ご飯

## 鱧とタスマニアマスタードの炒飯

ハモを使った贅沢な炒めご飯。ガーリックバターとタスマニア産マスタードを入れたら、手早く仕上げないと、香りが飛んでしまう。［上野］

ハモ、塩
ベーコン
玉ネギ
卵、ご飯
オリーブ油
アンチョビーペースト
ガーリックバター、タスマニア産マスタード
セルフィユ

●

①ハモをさばく。身側に薄塩をし、骨切りをして一口大に切り落とす。

②フライパンにオリーブ油を熱し、溶きほぐした卵にご飯を混ぜ合わせ、これを炒める。

③ここにハモ、細切りにしたベーコン、みじん切りの玉ネギを加えて炒め合わせる。アンチョビーペーストで味を調える。

④仕上げにガーリックバター、タスマニア産マスタードを加えてざっくりと合わせる。

⑤器に盛り、セルフィユを添える。

●ご飯

# ふぐだし煮麺

三つ葉
酸橘

ふぐ

●ご飯

## 鰤胡麻茶漬

海苔　三つ葉　ぶぶあられ

山葵

ぶり

●ご飯

## 白身胡麻茶漬

おぼろ昆布　ぶぶあられ

いろいろ

●ご飯

## ふぐだし煮麺

フグのアラでだしをとり、それをつゆとした煮麺。小さく盛れば、お通しにもなる。フグだしは、煮麺のほかにも、雑炊や茶漬に用いてもよい。［奥田］

フグ、塩、酒
フグだし（フグのアラ1尾分、水1リットル、酒200ml、昆布）適量、塩、淡口醤油
そうめん
三ツ葉
スダチ

●

①フグだしをとる。フグのアラのくさみを取るために霜降りにする。水、酒、昆布とともに鍋に入れ、強火にかけ、沸騰直後に昆布を抜く。アクが出たらすくい、アクが出なくなるまで弱火で煮出す。火からおろして漉す。
②上身にしたフグをそぎ切りにして、薄塩をあてて10分間おく。酒をふって、蒸し器で5分間蒸す。
③そうめんをかためにゆでて、冷水にとって洗い、ヌメリを取る。
④鍋にフグだしを温め、塩と淡口醤油で味を調える。ゆでたそうめんを入れる。沸く寸前に2cmほどに切りそろえた三ツ葉を加える。
⑤器に④を盛り、酒蒸しにしたフグの身と、ごく薄く切ったスダチをあしらう。

●ご飯

## 鰤胡麻茶漬

脂のたっぷりのったブリを茶漬にして、さっぱりと仕立てた。鯛茶漬のブリ版といえる。タイと同様に、ブリはすりゴマとの相性もよい。［奥田］

ブリ
ゴマだれ（ペースト状の白ゴマ340g、煮切り酒400ml、濃口醤油50ml、砂糖40g）30ml
だし、塩、淡口醤油
ご飯
白ゴマ、ぶぶアラレ、海苔、三ツ葉
おろしワサビ

●

①ブリは三枚におろし、皮をひく。大きめのそぎ切りにする。
②ゴマだれをつくる。白ゴマをから煎りし、フードプロセッサーでペースト状にする。そこに、煮切った酒、濃口醤油、砂糖を加えてよく混ぜる。
③ゴマだれにブリの身を10分間ほどつけ込む。
④だしを温め、塩と淡口醤油で吸い地程度に味をつける。
⑤器にご飯を盛り、煎った白ゴマとぶぶアラレをふる。あぶってちぎった海苔と、3cm長さに切りそろえた三ツ葉を散らす。その上につけ込んだブリをのせ、温めただしをはる。すりおろしたワサビを天に盛る。

●ご飯

# 白身胡麻茶漬

鯛茶漬を応用した一品。
白身の魚ならば何でも利用できる。
ここではタイ、カレイ、
ヒラメの三種の魚を使っている。
白身の魚は一昼夜昆布締めしてから
用いるとよい。［中嶋］

タイ
カレイ
ヒラメ
塩、昆布
ゴマだれ（白煎りゴマ２００mlまたは練りゴマ１００ml、濃口醤油52・５ml、ミリン５ml、おろしワサビ適量）
ご飯
おぼろ昆布、抹茶
ぶぶアラレ
一番だし1、煎茶1、塩少量

●

①タイ、カレイ、ヒラメは薄塩にあてたのち、昆布ではさんで一昼夜おいて昆布締めにする。
②ゴマだれをつくる。白煎りゴマをすりつぶし、濃口醤油、ミリンを加え、おろしたワサビを適宜加える。
③①をそぎ切りにし、ゴマだれにくぐらせてご飯の上に盛る。
④ぶぶアラレを散らし、おぼろ昆布を盛る。抹茶をふる。
⑤一番だしと煎茶を合わせて熱し、塩で味を調える。ご飯に添えて供する。

●ご飯

## 車海老、とこぶし、烏賊のそば米がゆ

大根　人参　椎茸　蓮根
三つ葉

いろいろ

●ご飯

## 貝づくしの炊込みご飯

木の芽　山葵

いろいろ

土鍋で炊き上げたご飯。

汁物

## 牡蠣すり流し椀

長芹
粉山椒

かき

汁物

## 塩鰤の粕汁

大根　京人参　牛蒡　里芋
浅葱

ぶり

●ご飯

# 車海老、とこぶし、烏賊のそば米がゆ

ソバ米を、
旨みをたっぷり含む魚介類とともに
雑炊仕立てにした。ソバ米は繊維質が多く、
煮くずれすることがない。
米ほど重くなく、
さらさらと食べられる。［奥田］

クルマエビ
トコブシ、地（だし6、濃口醤油1、ミリン1、砂糖少量）
アオリイカ、地（だし、塩、淡口醤油）
ソバ米
ダイコン、ニンジン、レンコン、シイタケ
だし、塩、淡口醤油、濃口醤油、だし溶き葛粉
三ツ葉

●

①クルマエビをゆでて火を通し、氷水に落として色止めする。頭と殻をはずして、一口大に切る。

②トコブシは殻をはずし、表面に格子状に包丁を入れて霜降りにする。だしに濃口醤油とミリンを加え、沸いたら砂糖を入れる。トコブシを入れて中火で5分間煮る。

③アオリイカをさばいて、皮と薄皮を取り除く。イカの繊維に対して斜め45度の方向に、深さ¾ほどまで切り目を入れる。間隔は2㎜前後。裏返して、同様に包丁を入れて蛇腹に切り、一口大に切り落とす。吸い地よりも少し濃いめの地でイカを温める。表面に火が通ったらザルに上げる。

④ソバ米をとぎ、水からゆでる。一煮立ちしたら弱火にして、籾殻がはずれるまでことことと煮る。もみ洗いして籾殻を取り除き、水気をきる。

⑤ダイコンとニンジンはくり抜き器でくり抜く。レンコンは、小さめの乱切りにしてしばらく水にさらす。それぞれ、水からゆでる。シイタケは四つに切る。

⑥鍋にだしをはり、塩、淡口醤油で吸い地程度の味つけをする。三ツ葉以外の材料を加え、一煮立ちしたら弱火にし、10分間下炊きする。

⑦⑥をザルに上げ、下炊きしただしは捨てる。

⑧鍋に新しくだしを入れ、塩、淡口醤油で吸い地程度に味をつけ、濃口醤油少量を加える。⑦の具をすべて入れる。沸いたらざく切りの三ツ葉を加える。だし溶きの葛粉でとじて、器に盛る。

●ご飯

## 貝づくしの炊込みご飯

旬の貝をたっぷりと入れた豪勢な炊込みご飯。地ハマグリとアサリからとれただしでご飯を炊く。さまざまな貝の食感の違いもたのしい。貝の旨みを丸ごと生かした〆のご飯。［奥田］

米
アワビ、ハマグリ、アサリ、コバシラ
貝のゆで汁8、酒2、塩、淡口醤油
木ノ芽
べっこう餡（だし100ml、濃口醤油5ml、ミリン微量、だし溶き葛粉適量）
おろしワサビ

●

①塩みがきしたアワビを蒸し器に入れ、弱火で8時間かけて蒸す。粗熱がとれたら、蛇腹に包丁を入れ、一口大に切る。

②鍋に砂抜きしたハマグリとアサリを入れ、ひたひたの水を加える。火にかけ、殻が開いたらむき身にする。ハマグリは食べやすい大きさに切る。ゆで汁はとっておく。

③コバシラは大きければ、半分もしくは四つに切る。

④といだ米を土鍋に入れ、ハマグリとアサリのゆで汁8に対して酒2を注ぐ。20分間浸水してから、塩と淡口醤油で味を調える。

⑤土鍋を火にかける。ぐらぐらと沸いてきたら、火を弱めて8～10分間炊く。

⑥土鍋から、沸騰するふつふつという音がしなくなったら、アワビ、ハマグリ、アサリ、コバシラをご飯の上にのせ、すぐに土鍋の蓋を閉める。火を止めて蓋の穴を割り箸などでふさぎ、3～5分間蒸らす。

⑦蓋を開け、木ノ芽をあしらって客前に運ぶ。

⑧茶碗に炊込みご飯を盛り、べっこう餡をつくってかける。天におろしワサビをのせて供する。

●汁物

## 牡蠣すり流し椀

星岡茶寮時代からの伝統の一品。さっと熱を通した半生のカキを白味噌仕立てですすめる。粉ザンショウをたっぷりかけて、香りを強調する。［中嶋］

生食用カキ　400g
長セリ
だし　600ml
白玉味噌（漉し白味噌2kg、酒900ml、卵黄6個分）54～72g
塩、淡口醤油、ミリン
粉ザンショウ

●

①カキは殻をはずして、身に片栗粉（分量外）をまぶし、軽くもんで水洗いし、汚れを取る。水気をよくふき取り、半分に切る。

②鍋にだしを入れて火にかけ、白玉味噌を溶き入れて、塩、淡口醤油、ミリンで味を調える。白玉味噌は材料をすべて合わせて、弱火にかけて30分間練ってつくったもの。

③ここにカキを加えて、弱火で10秒間ほど煮て、五～六割程度火を通して、カキを素早く取り出す。

④カキと、ゆがいて小口から切ったセリを椀に入れる。

⑤③の汁の味をみて、足りなければ白玉味噌、淡口醤油、ミリンで味を調える。熱々を④の椀に注ぎ、粉ザンショウをたっぷりふる。

●汁物

# 塩鰤の粕汁

新しい酒粕が入る時期、寒中に出す料理。ダイコンやニンジンなどの根菜類が甘くなる時期でもある。酒粕独特の香りを少し抑えた仕上がりとする。［中嶋］

ブリ、塩
ダイコン、京ニンジン
ゴボウ
サトイモ
だし　５００ml
板酒粕・麹味噌・白玉味噌＊　各同量ずつ合計50g
アサツキ
＊白玉味噌：漉し白味噌２kg、酒９００ml、卵黄６個分を合わせて弱火で30分間練る。

●

①刺身用の寒ブリの端などを用いるとよい。薄塩をあててしばらくおく。串を打ち、直火であぶって焼き目をつける。

②ダイコン、京ニンジン、サトイモは短冊切りに、ゴボウは斜め薄切りにする。それぞれ下ゆでしておく。

③板酒粕をすり鉢ですり、麹味噌、白玉味噌をすり合わせて、だしに溶き入れる。あぶったブリ、②の根菜類を入れて煮る。

④器に盛って、小口切りのアサツキを散らす。

# 魚づくし　魚介の日本料理　魚種別料理さくいん

# 著者紹介

## 中嶋　貞治（なかじま・さだはる）

１９５６年東京都渋谷区出身。１９７７年より京都の料理店などで日本料理の修業を始める。現在は、先代が１９６２年に開店した「新宿割烹中嶋」の跡を継ぐ。ちなみに祖父の中嶋貞治郎氏は、北大路魯山人が主宰した「星岡茶寮」の初代料理長であった。料理に携わる以外にも、服部栄養専門学校、多摩調理師専門学校の講師を務めたり、テレビレギュラー出演や雑誌など多方面で活躍する。２００６年、大分県豊後高田市にて、くにさき半島の食材を使った地域振興の一環としてオープンした「旬彩南蔵」の料理をプロデュース。代々の料理人一家に生まれ育ち、常に和食の新しい世界を切り開くべくチャレンジを続ける。主な著書に「新しい和の料理」（家の光協会）、「味わい深い豆腐料理」（新星出版社）、「中嶋貞治のＤＶＤで本格和食」（山と渓谷社）などがある。

新宿割烹中嶋
〒１６０-００２２　東京都新宿区新宿３-32-５日原ビル Ｂ１
TEL０３-３３５６-４５３４

## 上野　修（うえの・おさむ）

１９６１年大阪出身。法善寺横丁「浪速割烹㐂川」の創始者、上野修三氏の長男として生まれる。幼少の頃より、父の姿を見て育ち、料理の世界に入る。１９８１年、広い知識と技術を修得するために、志摩観光ホテルに入社。当時の料理長高橋忠之氏のもとでフランス料理の厳しい修業を積む。１９８５年、大阪に戻り、父修三氏経営の「浪速割烹㐂川」に入社。日本料理の修業の道を歩み始める。１９８９年、支店の「美な味㐂川」（現在閉店）の支店長を務め、経営の技術を修得。修三氏の「天神坂上野」開店にあたって、「浪速割烹㐂川」の二代目に就任する。初代の意志を継ぎ、日本料理の王道を守りつつ、フランス料理の修業で得た味づくりを礎にし、料理の幅をさらに広げる。大阪らしい、真に旨いものを日々追求、その料理は食に厳しい大阪人の変わらぬ支持を得ている。主な著書は『割烹うまいもん』（柴田書店）など。

浪速割烹㐂川
〒５４２-００７１　大阪市中央区道頓堀１-７-７
TEL０６-６２１１-４７３６

## 奥田　透（おくだ・とおる）

１９６９年静岡県静岡市出身。高校在学中より料理人を志す。卒業後、静岡市の「割烹旅館喜久屋」で5年間、京都「鮎の宿つたや」で半年間の修業を積む。その後、徳島「青柳」主人小山裕久氏の著書『味の風』（柴田書店刊）に感銘を受け、門をたたく。4年間の研鑽を経て、地元静岡に帰郷。１９９９年、静岡市内に「花見小路」を開店。２００3年には、さらなる飛躍の場を東京・銀座に求め、「銀座小十」を開店。日本各地の上質な素材を、確かな技術と新鮮味ある工夫をもって供する。主な著書は『焼く 日本料理素材別炭火焼きの技法』（柴田書店）、『本当においしく作れる和食』（世界文化社）など。

銀座小十
〒１０４-００６１　東京都中央区銀座５－４－８　カリオカビル４Ｆ
TEL０３-６２１５-９５４４

# 魚づくし　魚介の日本料理

初版発行　二〇〇七年十一月十五日
五版発行　二〇一七年五月一〇日

著者©　中嶋貞治（なかじま・さだはる）
上野　修（うえの・おさむ）
奥田　透（おくだ・とおる）

発行者　土肥大介
発行所　株式会社柴田書店
〒一一三−八四七七　東京都文京区湯島三−二六−九　イヤサカビル
電話　書籍編集部　〇三−五八一六−八二六〇
営業部　〇三−五八一六−八二八二（注文・問合せ）
ホームページ　http://www.shibatashoten.co.jp
印刷・製本　凸版印刷株式会社
ISBN　978−4−388−06025−2

本書収録内容の無断掲載・複写（コピー）・引用・データ配信などの行為は固く禁じます。

乱丁・落丁本はお取替えいたします。

Printed in Japan